学前教育专业规划教材

学前儿童艺术教育

XUEQIAN ERTONG YISHU JIAOYU

主　编　宋延军
副主编　张　会　李科凤　韦　怀　张小梅
编　委　张秀娟　曾念念　张小鸥　樊明迪
焦　婧　伍　丹　梁　媛　刘运婵
李少慧　夏芯童

西南师範大學出版社
国家一级出版社　全国百佳图书出版单位

图书在版编目(CIP)数据

学前儿童艺术教育 / 宋延军主编. — 重庆 : 西南师范大学出版社, 2018.6(2022.7 重印)
ISBN 978-7-5621-9265-7

Ⅰ. ①学… Ⅱ. ①宋… Ⅲ. ①学前教育 – 艺术教育 – 幼儿师范学校 – 教材 Ⅳ. ①G613.5

中国版本图书馆CIP数据核字(2018)第098570号

学前儿童艺术教育

XUEQIAN ERTONG YISHU JIAOYU

宋延军 主编

责任编辑: 钟小族

装帧设计: 尚品视觉 CASTALY 周 娟 钟 琛 何欢欢

排 版: 张 祥

出版发行: 西南师范大学出版社

地址:重庆市北碚区天生路2号

市场营销部:023-68868624

邮编:400715

印 刷: 重庆长虹印务有限公司

幅面尺寸: 185mm×260mm

印 张: 12.75

字 数: 219千字

版 次: 2018年6月 第1版

印 次: 2022年7月 第2次印刷

书 号: ISBN 978-7-5621-9265-7

定 价: 39.00元

学前教育专业规划教材

ZONGXU 总序

党的十九大报告指出,我国社会主要矛盾已经转化为人民日益增长的美好生活需要和不平衡不充分的发展之间的矛盾。在学前教育领域,就是人们日益增长的对高质量学前教育的需要和学前教育质量不平衡不充分发展之间的矛盾。目前幼儿教师的专业性薄弱成为制约学前教育发展的关键因素。为了满足社会对优质学前教育人才的需要,我国必须建立健全应用型学前人才培养机制。2010年,《国务院关于当前发展学前教育的若干意见》中指出“师资队伍不健全”是学前教育薄弱环节的主要表现之一,提出要“完善学前教育师资培养体系”;2014年,《国务院关于加快发展现代职业教育的决定》再次强调:“在学前教育、护理、健康服务、社区服务等领域,健全对初中毕业生实行中高职贯通培养的考试招生办法。”可见,师资培养已经成为当前学前教育发展的重中之重。

教材建设是幼儿教师教育改革的重要环节,直接影响着未来幼儿教师的专业素养。我们立足于学前教育师资培养的实际,着眼于夯实学生的基本理论和基本能力,培养符合时代要求、具有良好专业素养的新型幼儿教师,力求体现时代性、科学性和实践性,组织编写了本套教材。教材的特色体现在以下几个方面:

1.编写队伍上,阵容强大,经验丰富

本套教材的主编、副主编及参编人员来自各级各类院校、教研机构以及一线名园,均长期从事相关专业工作,有着扎实的理论基础和丰富的实践经验。

2. 内容选择上，以生为本，适应学情

教材编写强调以学生为中心，融合“教材即学材”的理念，符合职业教育的培养目标与学生认知规律，适应学生的学习能力和自主学习的需要。

3. 呈现形式上，创新模式，易教利学

融入多种板块（如学习目标、学习重难点、知识结构图、案例导入、本章小结、思考与练习）和学习材料（资料链接、人物介绍、拓展阅读），部分学科采取以项目执行来设置教学单元，增强了可读性，易教利学。

4. 配套资源上，立体建设，拓展资源

配合教学中的教、学、做、测各环节，采用不同的技术手段，开发了多样的教学资源，具体包括PPT、典型案例、题库、名师名课视频等等，为教学提供全面支持。

总之，本系列教材注意了课程结构，反映了各门课程结构之间的联系和衔接，内容分配合理，既相互联系又相互区别，在帮助学生尽快掌握幼儿教育的基本理论和从事幼儿教育工作最基本的工作技能等方面做了有益的探索。

最后，要感谢参与本系列教材编写和审稿的各位老师所付出的大量辛勤劳动，也要感谢西南师范大学出版社职业教育分社的编辑们对本系列教材的支持和编辑工作。由于编写时间紧、人员能力有限等原因，本套教材还存在一些不足。在使用本教材的教师和学生的关心和帮助下，我们会不断改进和完善这套教材，促进我国学前教育专业的教学改革和课程建设，提高人才培养质量，进而促进学前教育质量的提升。

2018年6月

QIANYAN 前言

艺术教育是素质教育的重要组成部分，对人的全面发展的意义与价值已经越来越得到教师、家长乃至全社会的认同。健康的、综合的艺术教育，可以激发学生的审美情趣，提高审美能力、增强人文艺术修养，从而培养学生健康的生活态度、丰富的情感体验，并逐步培养深刻的思想领悟。艺术教育正逐渐成为一种综合性的教育，不仅是艺术学科本身的交叉，同时也逐渐开始向其他领域渗透。本书就是在这样的背景和教育理念下编写的，适用于高等职业院校艺术教育、学前教育专业的教材。各个章节既可以满足职业院校学生专业知识的需要，又为该专业的学生艺术教育方向的特色发展打下了基础。

本书在编写的过程中，坚持理念引领，以《幼儿园教育指导纲要（试行）》《3—6岁儿童学习与发展指南》《幼儿园教师专业标准（试行）》等文件精神为指导思想，注重教育对象的特殊性；坚持实践导向，章节内容结合幼教工作实际需要，注重用经典案例来阐释观点和方法，既体现专业性，也便于实践教学；坚持体例统一，既有对核心知识点的精讲，也有对教学案例的展示和分析，教学内容既贴合教学实践，又有对幼儿教师职业资格考试的渗透。

本书分为两个部分，共八章。前半部分主要为基础理论知识，包括三章，即学前儿童艺术教育概述、学前儿童审美心理和学前儿童艺术教育的目标与评价。后半部分主要为综合性艺术教育活动设计与指导，包括五章，即以音乐为主的综合性艺术活动设计与指导、以美术为主的综合性艺术活动设计与指导、学前儿童舞蹈的设计与指导、儿童剧的设计与指导、传统戏曲活动的设计与指导。每章后设有"小结""思考与练习""应用与实践"。同时，有的章节还结合幼儿教师资格证国考真题来进行针对性演练，既对职业院校学前教育专业学生的学习有较强的指导性，又能让幼儿园教师的教育教学有较强的实践操作性。

《学前儿童艺术教育》在编写过程中，充分考虑了艺术教育、学前教育专业特色，以高等职业院校学生的学习需求和相关专业课程的衔接为出发点，同时遵循幼儿艺术教育学科的内在逻辑，坚持以幼儿为本，为幼儿艺术多领域、综合性的发展提供思路，更为幼儿艺术教育的设计与实施提供了具体的教学路径。因此，教材具有较强的针对性、实用性、多元性和可操作性。

本书主要由重庆文化艺术职业学院和大连艺术学院的一线专业教师编写。其中宋延军提出总体设计思路、制定编写要求、确定最终章节纲目、审稿统稿。李科凤、韦怀、张会、伍丹负责组织统筹、编辑整理。第一章由张秀娟、伍丹编写，第二章由曾念念编写，第三章由张会、张小鸥、李科凤、张小梅编写，第四章由焦婧、樊明迪编写，第五章由梁媛编写，第六章由刘运婵编写，第七章由李少慧、夏芯童编写，第八章由张会、李科凤编写，在此向各位老师的辛勤劳动表示感谢。感谢重庆文化艺术职业学院、大连艺术学院、重庆第二师范学院、福建艺术职业学院、天津艺术职业学院、重庆幼儿师范高等专科学校、深圳艺术学校、梁平职业教育中心、西南医院附属幼儿园、重庆上朗教育集团幼儿园、上海爱绿幼教集团、香港兰妮幼教集团、才儿坊幼儿园等为本书各章节的编写提供经典教学案例。西南师范大学出版社的老师对本教材的编辑出版给予了悉心指导，还提出了宝贵的意见和建议，促成了教材的顺利出版，在此也表示深深的感谢。

在本书的编写过程中，我们借鉴、引用了许多国内外专家、学者和幼儿园教师的著作、论文、作品和教学案例，各位专家学者的观点让我们深受启发，在此一并向他们表示诚挚的感谢！由于编者水平有限，教材中难免有不足和纰漏，敬请同行专家和使用者批评指正。

编者

2018年7月

MULU 目录

第1章　学前儿童艺术教育概述 ……………………………………1

第一节　学前儿童与艺术教育 ……………………………………3

第二节　学前儿童艺术教育的价值 ………………………………8

第三节　学前儿童艺术教育的特点………………………………16

第四节　学前儿童艺术教育的原则………………………………19

第2章　学前儿童审美心理 ………………………………………27

第一节　学前儿童审美心理特征…………………………………29

第二节　学前儿童审美心理结构…………………………………33

第三节　学前儿童审美心理影响因素……………………………36

第四节　学前儿童审美培育………………………………………38

第3章　学前儿童艺术教育的目标与评价 ………………………45

第一节　学前儿童艺术教育目标的结构…………………………47

第二节　学前儿童艺术教育目标的内容…………………………54

第三节　学前儿童艺术教育评价的内容…………………………62

第四节　学前儿童艺术教育评价的方法…………………………68

第五节　学前儿童艺术教育评价的实施…………………………70

第4章　以音乐为主的综合性艺术活动设计与指导 …………75
第一节　学前儿童歌唱课的教学设计与指导 ……………………77
第二节　音乐与表演课活动设计与指导 ……………………85
第三节　音乐与游戏课活动设计与指导 ……………………90

第5章　以美术为主的综合性艺术活动设计与指导 …………95
第一节　认识学前儿童美术教学活动 ……………………97
第二节　学前儿童绘画活动的设计与指导 ……………………106
第三节　学前儿童美术欣赏活动的设计与实施 ……………114
第四节　学前儿童美术手工活动的设计与指导 ……………127

第6章　学前儿童舞蹈的设计与指导 ……………………137
第一节　学前儿童舞蹈课程设置和指导 ……………………139
第二节　学前儿童舞蹈的内容和标准 ……………………141

第7章　儿童剧的设计与指导 ……………………151
第一节　儿童剧的特点与教育目标 ……………………153
第二节　儿童剧活动的设计与指导原则 ……………………158
第三节　儿童剧精品案例与分析 ……………………161

第8章　传统戏曲活动的设计与指导 ……………………175
第一节　特色各异的地方戏曲 ……………………177
第二节　幼儿园传统戏曲课程设计与指导 ……………………184

参考文献 ……………………189

第 1 章

学前儿童艺术教育概述

本章主要探讨学前儿童与艺术教育、学前儿童艺术教育的价值和实践现状，旨在明确我们所说的“艺术教育”是一种怎样的艺术教育。

【学习目标】

1. 理解并掌握《幼儿园教育指导纲要(试行)》《3—6 岁儿童学习与发展指南》对艺术教育的要求。

2. 理解学前儿童艺术教育的价值。

3. 理解学前儿童艺术教育的特点与原则。

【学习重难点】

理解并掌握《幼儿园教育指导纲要(试行)》《3—6 岁儿童学习与发展指南》对艺术教育的要求。

【知识结构图】

- 学前儿童艺术教育概述
  - 学前儿童与艺术教育
    - 《幼儿园教育指导纲要(试行)》对艺术教育的要求
    - 《3—6 岁儿童学习与发展指南》对艺术教育的要求
  - 学前儿童艺术教育的价值
    - 艺术是幼儿精神生命活动的表现
    - 艺术是幼儿探索和表现世界的方式
    - 艺术是促进幼儿全面发展的手段
  - 学前儿童艺术教育的特点
    - 整体发展性
    - 生活性
    - 游戏性
  - 学前儿童艺术教育的原则
    - 审美性原则
    - 兴趣性原则
    - 创造性原则
    - 参与性原则

第一节
学前儿童与艺术教育

2001年7月2日，教育部颁布了《幼儿园教育指导纲要(试行)》，其中对艺术教育的要求，包含目标、内容与要求和指导要点三部分。2012年10月9日，教育部颁布了《3—6岁儿童学习与发展指南》，艺术领域的教育目标为“感受与欣赏”，即“喜欢自然界与生活中美的事物”，“喜欢欣赏多种多样的艺术形式和作品”和“表现与创造”，即“喜欢进行艺术活动并大胆表现”，“具有初步的艺术表现与创造能力”。艺术领域的教育目标，可细分为艺术兴趣、艺术感受、艺术表现与创造。

一、《幼儿园教育指导纲要(试行)》对艺术教育的要求

《幼儿园教育指导纲要(试行)》(以下简称《纲要》)是遵循我国宪法和教育基本法的精神，根据党的教育方针和《幼儿园工作规程》(以下简称《规程》)而制定的对全国幼儿园教育进行宏观管理和指导的单行法规文件。它与其他有关幼教的教育行政法规一起，构成一个受共同原则指导的具有内在协调一致性的、层次不同的幼教法规体系，共同推动我国幼教的科学化、法治化进程，促使幼教朝着更加健康、正确的方向前进。《纲要》鲜明地体现着国家的意志，旨在促进所有幼儿的健康成长。它遵循《规程》的精神，将我国幼儿教育长期以来特别是贯彻《规程》以来的行之有效的教育观念、方法、措施、经验等，以法规的形式固定下来，通过国家的强制力来保证其实施，从而为我国幼教的发展构筑了坚实的基础。《纲要》在今后相当长一段时间内将指导我国幼教的发展方向，同时，贯彻落实《纲要》将是我们幼教工作者的一项重要任务。

从结构来看,《纲要》分四个部分,即总则、教育内容与要求、组织与实施、教育评价。本章主要探讨《纲要》对艺术教育的要求,因此重点研讨《纲要》的第二部分“教育内容与要求”。在这一部分中,《纲要》将幼儿学习的范畴按学习领域划分为广大教师所熟悉的健康、语言、社会、科学和艺术5个领域,并强调“各领域的内容相互渗透,从不同的角度促进幼儿情感、态度、能力、知识、技能等方面的发展”。在每一领域中,均包含目标、内容与要求和指导要点三部分。

(一)目标

《纲要》明确指出,艺术教育的目标是:能初步感受并喜爱环境、生活和艺术中的美;喜欢参加艺术活动,并能大胆地表现自己的情感和体验;能用自己喜欢的方式进行艺术表现活动。

这三个目标的主要内容即感受美、表现美、创造美,不再单独突出艺术技能的训练,而是注重感受、表现和创造。幼儿园可参照总体目标,制定小班、中班、大班的艺术教育目标。小班:喜欢接触美好事物,萌发对音乐、美术等艺术活动的兴趣;愿意欣赏、初步感受身体、自然界、乐器等发出的各种声音;了解戏剧;喜欢生活用品、美术作品、环境中的美;学习表现声音自然不喊唱,敲打跳听看表演;绘画鲜艳又大胆,正确安全学制作,多种材料会收放。中班:积极参与集体音乐活动,能模仿舞蹈动作;喜欢参加戏剧表演活动;寻找和发现周围各种有趣的事物,喜欢用美术方式表达;喜欢体验和探索音乐中节奏、弦律、音色的特点;认识简单节奏型;看适宜的戏剧节目;发现周围环境中有趣的事物,从生活中、欣赏适宜的美术作品中获得感受,体验不同事物的特征;主动表现,随音乐尝试按想象舞动;富有表现力地演唱;利用各种材料和工具进行设计、制作;运用发现的规律进行装饰;正确、安全地使用材料和工具;掌握并即兴操作几种乐器。大班:大胆参加自娱性表演活动,主动参加各种戏剧性表演活动;寻找周围环境中的美好事物,喜欢用美术方式表达所见,认识作品表现的主题;记录、体验乐曲的区别;喜欢看舞蹈节目;看懂戏剧,了解其中意义;欣赏表现生活、工作和自然环境的美术作品;用基本准确的节奏、有创意的舞蹈、简单的道具、初步的打击乐技巧来表现;与伙伴创编简单的戏剧,利用矛盾冲突创造,大胆修改、设计和制作;运用装饰方法和材料美化环境;分类整理物品,恰当选择、使用和摆放。

(二)内容与要求

“内容与要求”部分旨在表明为实现目标教师应该做什么、怎样做,与此同时，将该领域的教育内容自然地赋予其中。《纲要》遵循基础教育课程改革的精神，强调幼儿的主动学习，改革教学方式，希望教师不要把关注点过于集中在具体知识或技能的教学上，仅仅以固定的知识点的掌握为目标来设计教学活动，而是着力组织适合幼儿的活动，创造适宜的教育环境，从幼儿的实际生活中去发现教学赖以展开的资源，通过作用于幼儿的活动来对幼儿产生影响，让他们获得一定的知识和技能。因此，《纲要》在每个领域中都没有单独列出知识点或技能要求的细目，而是从活动的角度附带提出知识或技能要求。当然，这一变化可能会使习惯于按具体知识来考虑教学的教师因“看不到”内容而不知所措。各地贯彻《纲要》时，可以根据实际情况列出各领域的一些具体学习内容来供教师使用，但是，一定要注意的是，这样做的目的不是引导教师继续以知识为中心组织教学，而应当有利于帮助教师更新教学观念，在努力反思过去的教学、重视幼儿活动的基础上，全面改革幼儿园的教学模式。

《纲要》明确指出，艺术教育的内容与要求是：

1. 引导幼儿接触周围环境和生活中美好的人、事、物，丰富他们的感性经验和审美情趣，激发他们表现美、创造美的情趣。

2. 在艺术活动中面向全体幼儿，要针对他们的不同特点和需要，让每个幼儿都得到美的熏陶和培养。对有艺术天赋的幼儿要注意发展他们的艺术潜能。

3. 提供自由表现的机会，鼓励幼儿用不同艺术形式大胆地表达自己的情感、理解和想象，尊重每个幼儿的想法和创造，肯定和接纳他们独特的审美感受和表现方式，分享他们创造的快乐。

4. 在支持、鼓励幼儿积极参加各种艺术活动并大胆表现的同时，帮助他们提高表现的技能和能力。

5. 指导幼儿利用身边的物品或废旧材料制作玩具、手工艺品等来美化自己的生活或开展其他活动。

6. 为幼儿创设展示自己作品的条件，引导幼儿相互交流、相互欣赏、共同提高。

如果老师按照以上内容与要求去做，其关注的重心就放在了艺术感受、体验、表现、创造以及艺术活动的开展上，那么这一过程也浸入了艺术美的熏陶和感染。

（三）指导要点

《纲要》明确指出，艺术教育的指导要点是：

1. 艺术是实施美育的主要途径，应充分发挥艺术的情感教育功能，促进幼儿健全人格的形成。要避免仅仅重视表现技能或艺术活动的结果，而忽视幼儿在活动过程中的情感体验和态度倾向。

2. 幼儿的创作过程和作品是他们表达自己的认识和情感的重要方式，应支持幼儿富有个性和创造性的表达，克服过分强调技能技巧和标准化要求的偏向。

3. 幼儿艺术活动的能力是在大胆表现的过程中逐渐发展起来的，教师的作用应主要在于激发幼儿感受美、表现美的情趣，丰富他们的审美经验，使之体验自由表达和创造的快乐。在此基础上，根据幼儿的发展状况和需要，对表现方式和技能技巧给予适时、适当的指导。

在艺术领域中，因为过分强调技能训练而轻幼儿的情感体验、遏制幼儿创造性的现象比较普遍，因此《纲要》有针对性地提出了相应的注意点。

二、《3—6岁儿童学习与发展指南》对艺术教育的要求

《3—6岁儿童学习与发展指南》(以下简称《指南》)全面、系统地明确了3—6岁各个年龄段的幼儿在各学习与发展领域的合理发展期望和目标，也对实现这些目标的具体方法和途径提出了具体、可操作的建议。正确领会和理解《指南》的理念和要求，熟知3—6岁幼儿的身心发展特点和行为表现，是每一个学前教育工作者最基本的专业知识和实践能力要求。《指南》的出台对全面提高广大幼儿园教师的专业素质和教育实践能力具有重要的指导意义，为广大家长科学育儿提供了权威性的参考和指导，对切实转变广大家长的教育观念，提高科学育儿能力，创设有利于幼儿健康成长的良好社会环境具有重要的现实意义。

《指南》从健康、语言、社会、科学、艺术等五个领域描述了幼儿的学习与发展，分别对3至4岁、4至5岁、5至6岁三个年龄段末期的幼儿应该知道什么、能做什么，大致可以达到什么发展水平提出了合理的期望。本章主要探讨《指南》对艺术教育的要求，因此重点研讨《指南》的第五部分“艺术”。在这一部分中，《指南》将艺术领域的教育目标为“感受与欣赏”，即“喜欢自然界与生活中美的事物”，“喜欢欣赏多种多样的艺术形式和作品”；“表现与创造”，即“喜欢进行艺术活动并大胆表现”，“具有初步的艺术表现与创造能力”。艺术领域的教育目标，可细分为艺术兴趣、艺术感受、艺术表现与创造。

1. 艺术兴趣

艺术兴趣是指幼儿积极的艺术学习与参与态度。在《指南》的艺术领域目标中，有三个子目标是以“喜欢”一词开头的：“喜欢自然界与生活中美的事物”“喜欢欣赏多种多样的艺术形式和作品”“喜欢进行艺术活动并大胆表现”。这从整体上强调了幼儿艺术兴趣的养成。兴趣是开展艺术活动的内在动力，是提高艺术感受能力与表现能力的前提和保证，而艺术感受能力、艺术表现与创造能力的提高又会进一步加强幼儿对艺术的兴趣，为幼儿一生的发展奠定基础。

2. 艺术感受

艺术感受是指幼儿被周围环境中美的事物或艺术作品所吸引，从感知出发，以想象为主要方式，以情感的激发为主要特征的一种艺术能力。《指南》的艺术领域目标提出“喜欢自然界与生活中美的事物”，强调成人应积极引导幼儿在艺术活动中丰富内心体验，在对外界事物的欣赏中抓住以情感为主的特征，传达出与自己情感相应的一种艺术情感，从而发展其艺术感受能力。

3. 艺术表现与创造

艺术表现与创造是指幼儿在头脑中形成审美心理意象，利用艺术的形式语言、工具和材料将它们重新组合，创作出对其个人来说新颖独特的艺术作品的能力。《指南》的艺术领域目标中提出的“具有初步的艺术表现与创造能力”，其中关注更多的是通过感知、感受和想象，把自己内心所想、所思表达出来的独特的心理活动过程，强调的是审美心理活动的过程。表现与创造在幼儿那里没有太大的区别，表现强调的是由内而外的一种表达，创造更强调独创，它们的侧重点不同。生活中，孩子的想象力和创造力是没有限制的，关键是如何看待孩子的创造力。孩子成长的过程，就是创造的过程：唱好一首歌、说好一句话或者画好一幅画对孩子来说就是艺术表现和创造。

第二节
学前儿童艺术教育的价值

学前儿童的大脑发展速度很快，艺术教育的开展，将有助于促进儿童手、脑、心并用，使他们获得全面发展。

一、艺术是幼儿精神生命活动的表现

艺术活动是幼儿的一种精神成长性需要的满足，是一种没有直接功利性的、以活动过程本身为目的的需要的满足。在生活中，我们常常看到发生在幼儿身上的一些审美与艺术现象：只要一条纱巾，幼儿开始轻歌曼舞（歌舞艺术）；两个孩子，一个当爸爸，一个当妈妈，玩起了娃娃家（表演艺术）；在玩沙区堆起了城堡（建筑艺术）；用树枝在地上画（绘画艺术）……诸如此类的活动在幼儿身上数不胜数。在这样的活动中，幼儿全神贯注地投入其中，或兴奋，或激动，或活泼，或安静，充分展示他们的生命活力。

幼儿对艺术活动有一种自发的热情和兴趣。虽然这种自发的兴趣多属于表层的兴趣，往往带有情绪色彩，易波动，易转移，但是只要艺术教育工作者恰当引导，使幼儿自发的表层兴趣提高到有一定深度的动机水平上，就能转化为一种内驱动力。在艺术活动中，幼儿能成为积极主动的参加者。比如，幼儿对美术活动都有浓厚的兴趣，他们喜欢用画笔表达自己的精神世界，可是画人物动态是美术教学中的难点，幼儿画不好就不会感兴趣。在画人物动态之前，可以设计一个环节，让幼儿玩游戏——“会动的影子”，幼儿在游戏中发现人的手臂和腿的动态变化，觉得非常有趣，然后再配以“活动小人”的学具，让幼儿在游戏操作中不知不觉对画人物动态产生了兴趣。

艺术能够作为幼儿精神生命活动的表现，主要源于艺术具有的各种特性。一是形象性。艺术是形象语言，幼儿思维的主要特点是具体形象性，所以艺术的形象性便天造地设地成为幼儿表现自我的最佳方式。二是愉悦性。艺术中蕴含的丰富情感通过审美中介感染着儿童的心灵。幼儿的情感易于激发、易于表露，对喜怒哀乐都容易产生共鸣，所以他们总是以强烈的情绪去迎合绘画、音乐、诗歌、舞蹈和戏剧中流露出的热烈的感情。三是开放性。艺术允许幼儿自由参与，并允许自由发挥。它容许参与者将自身内在信息与外在信息广泛交流。这种开放性特点给幼儿的自我表达提供了丰富而广阔的天地。四是宽容性。艺术接纳不同智力水平的儿童，给他们提供表现自我、发挥所能的均等机会。它不会让儿童做"陪读生"而浪费时间和智力资源。艺术也最能包容个性，包容个性差异，对所有儿童都提供一视同仁的爱心，不歧视，也不限制。五是自主性。艺术的自主性是满足幼儿自我表达的最珍贵的特性。所谓自我表达，就是儿童表现自己想要表露于众、表现于外的内在信息。这样的表达基于自身的内在需要，出于自发的行为倾向。

二、艺术是幼儿探索和表现世界的方式

艺术表达并描述个人或群体的经历，而每个人表达的方式并不相同：诗人通过写诗表达，作曲家通过作曲表达，画家通过作画表达，舞蹈家通过舞蹈表达，作家通过语言文字表达，等等。艺术是捕捉人类实践经验的行为，是人类表达自我的一种方式。通过艺术体验，作为主体的人可以找到自己的方式讲述自己的故事。学前儿童每天都在用艺术创造性地表达自己与所生活的周围世界。儿童会用一粒石子、一块瓦片、一段树枝，在墙壁上、在雨后的地面上、在大大的树叶上，尝试着画画，画出自己心中的欢乐或忧伤。孩子们通过画小动物、植物以及遇到的人，如实而生动地表达着他们对周围环境以及对自己的独特认识、愿望或情感。儿童按照生命的律动，让无规则的跳动成为舞蹈，让混乱的声音成为歌曲。这种自然和艺术的统一状态，是一种抒发生命的状态，在清新、流畅、活泼、真实、自由的状态中，对自己的情感、心性与精神做出生动、创造性的表达。[①]《幼儿园教育指导纲要（试行）》反复指出，艺术是幼儿表达自己的认识和情感的重要方式，要让幼儿大胆地表达自己的情感、理解和想象，并指出这种艺术表达是自由表达，是创造性的表达。创造性活动是人的潜在能力的表现。幼儿同样具有强

① 王秀萍，吕耀坚．学前儿童艺术教育[M]．北京：高等教育出版社，2015.

烈的创作欲望,受这种欲望的驱使,他们不停地进行各种探索。瑞吉欧人把文字、动作、图像、绘画、建筑、雕像、戏剧、音乐等艺术都看作儿童的语言,鼓励孩子通过表达性(动作、表情、言语、体态等)、沟通性及认知性语言来探索环境和表达自我,认为儿童的自我表达和相互交流是探索、研究、解决问题过程中的基本活动。[①]所以,教师要努力使艺术教育成为幼儿喜欢和感兴趣的活动,并使幼儿在活动中充分表达自己的感受和体验,表现自己的个性特点及丰富的想象力和创造力,使艺术成为幼儿探索和表现世界的一种方式。幼儿的艺术生活不仅是他们的思想、情感、兴趣和对外部世界认识的表现,作为审美活动,更重要的还在于对美的追求。要让幼儿感受和理解真、善、美,引起幼儿的情感律动,给幼儿以美的享受,陶冶其情操,这才是幼儿艺术教育的价值所在。

三、艺术是促进幼儿全面发展的手段

艺术是人类感受美、表现美和创造美的重要形式,也是人类表达对周围世界的认识和情绪态度的特有方式。儿童是天生的艺术家。对儿童进行艺术教育,有助于促进学前儿童的手、脑、心并用,使他们获得全面发展。有研究表明,艺术教育在促进学前儿童全面发展方面具有重要价值,它可以促进儿童身体、心理(感知觉、记忆力、想象和思维等)、语言、情感、意志力、创造力、个性和社会性等方面的发展。

(一)促进学前儿童大脑功能的均衡发展

人的大脑是由两个半球组成的,大脑两个半球的功能是不一样的。人的左脑主要负责语言学习、概念构成、数学运算、逻辑推理和抽象思维等,而右脑则主要负责知觉物体的空间关系、情绪、欣赏音乐和识别图形等。虽然人脑的两个半球功能不同,但并不是互相割裂的,大脑的两个半球通过脑桥联结起来,构成一个高度统一的复杂系统。大脑两个半球的功能均衡发展对于人的身心发展意义重大,因为任何复杂的人类活动都必须依赖于大脑两个半球的相互协调与配合才能完成,而艺术教育可以有效地促进学前儿童大脑两个半球功能的均衡发展。学前初期,儿童以知觉行动思维为主;学前阶段的中后期,儿童以具体形象思维为主。学前阶段的各种生动形象的艺术活动是由右脑负责控制完成的,因

① 蔡慧琴等.学前教育学[M].北京:北京师范大学出版社,2015.

此，对学前阶段儿童进行艺术教育，是符合其大脑发育规律的。[①]此外，艺术教育还可以促进学前儿童大脑两个半球的均衡发展。任何一项艺术活动都要由大脑两个半球的相互配合才能完成，是知觉与抽象、情感与理智共同作用的结果，需要左右半球相互协调、相互补充。例如音乐，从事不同的音乐活动时，大脑的各个中枢所接受的刺激量是不同的，因而获得的锻炼和发展也是不同的。在音乐表演活动中，运动及运动感觉中枢将担任更多的控制、调节工作；而在音乐欣赏和创作中，更多的中枢将参与信息的收集、加工、输出的过程。所以，过分偏重运动技能训练的音乐教育，特别是那些欠缺情感和思维介入的表演技能训练，可能更多地对运动中枢和运动感觉中枢的发展起到了促进作用，而其他中枢则没有得到应有的锻炼。任何艺术活动都需要左右脑协同发挥作用，因此，对学前儿童进行艺术教育，不但能够刺激右脑的发育，还可以增强左脑的各种功能，进而促进儿童左右脑功能的均衡发展，为儿童身心全面发展打下坚实的生理和心理的基础。

（二）促进学前儿童身体机能和运动能力的发展

学前阶段是身体迅速发展的第一个阶段，也是最关键的一个阶段。身体各部分技能的发育和运动能力的发展，对这一阶段的儿童尤为重要。学前儿童的艺术教育与学前儿童的身体机能和运动能力紧密相连。在各种音乐、美术等艺术活动中，儿童可以锻炼身体各部位的大小肌肉、骨骼和韧带，提高神经系统反应的速度和协调能力，增强心肺等器官的耐受力。特别是经常参加韵律活动的儿童，更有可能获得健美的体形、端正的姿态和良好的发育。即使是歌唱活动，也能对发音器官、共鸣器官和呼吸器官的发育起到一定的促进作用。

生理活动和身体健康有着密切的关系，心理活动也是身体健康的主要影响因素。现代生理学、心理学的研究已经证实："情绪"这一心理状态总是伴随着一系列生理变化的，如肌肉、血管、内脏及内分泌器官的机能，都会随着情绪的变化而变化。因此，通过艺术教育调整情绪进而调整生理状态，可以促进或维护身体健康。学前儿童在科学的艺术教育活动中，能获得更多的积极情绪体验。儿童天生好动的需求容易在舞蹈活动中得到满足；音乐中的节奏要素能够节省体能消耗，使机体内部环境形成最佳状态，从而使生理上的自我需求容易得到满足；音乐活动中容易产生更为密切的人际关系，使心理上希望获得接纳的需求得到满足；绘画、雕塑活动可以让幼儿获得自由表现的机会，使实现自我价值的需求

① 杜悦艳，陈迁．学前儿童艺术教育[M]．北京：高等教育出版社，2014．

得到满足……以上这些内部需要的满足可以直接引发学前儿童的积极情绪体验，而积极的情绪体验不仅是保证学前儿童心理健康的重要基础，同时也是维护、增进学前儿童身体健康的重要条件。①

（三）促进学前儿童语言的发展

艺术教育对学前儿童语言的促进作用是显而易见的。学前儿童在大量接触优秀歌曲和有节奏地朗诵诗歌的过程中，不仅积累了音乐语汇，而且扩大了词汇的积累，增加了对文学语言的理解和运用能力。

语言学习是一种听辨、记忆、再现声音符号的学习。如果教师在教儿童朗诵诗歌、唱儿歌时，明确要求吐字清楚，会帮助学前儿童养成口齿清楚的表达习惯。此外，音乐与诗歌富有高低、快慢、强弱等节奏变化，让学前儿童获得愉悦的体验，这对提高学前儿童的口语表达能力也是很有益的。

（四）促进学前儿童认知能力的发展

学前儿童艺术教育活动能够为儿童感知觉、记忆、想象、联想等认知能力的发展提供丰富的锻炼机会。比如，音乐活动主要是借助听觉器官来进行的。音乐认识活动首先要建立在听觉感知的基础上，人类的听觉器官是在长期自觉使用的过程中获得高度发展的。在音乐教育中，儿童学习分辨声音的高低、长短，音量的强弱，不同声音的音色、音质等会使儿童的听觉敏锐程度不断提高，而听力的发展对儿童智力的发展及今后一生的学习都有影响。可见，及早地、更多地为学前儿童提供各种参与音乐活动的机会和环境，并在活动中有意识地引导他们集中注意力进行听觉探究，学前儿童听辨声音的能力和自觉性是可以得到提高的。

美术被称为视觉艺术，美术活动的目的就是通过塑造出一定的艺术形象来反映客观世界和社会生活，作用于人的视觉感受，引起人的情绪律动，给人以美的享受，陶冶人的情操。②3—6岁幼儿在美术活动中，能用多感官去感知审美对象，通过大脑去思考、理解、再现、加工、想象审美对象，表达自己对审美对象的认识和情感。

视觉能力的培养不仅涉及视觉感知、视觉辨别、视觉注意能力，还表现在记忆能力方面，即记忆音乐、绘画、文学、雕塑等艺术，再现这些艺术活动的能力。

---

① 李飞飞．试论学前儿童艺术教育的价值[J]．艺术研究，2014(2)．

② 谭敏捷．浅谈学前儿童艺术教育与心理健康[J]．艺术科技，2016(9)．

只有在对这些艺术活动进行记忆的基础上，才有可能对艺术活动的形象进行审美感知。艺术活动的创造，也不可能脱离对其的记忆、再认和再现。

艺术教育对儿童认知发展的促进作用，还表现在能够发展儿童的想象、联想和思维能力。现代科学的进步已逐步使人们认识到，想象、联想能力是思维活跃的创造型人才必不可少的一种能力。想象是由表象深入发展而形成的一种较高级的心理现象，它与感知、记忆表象、思维等认识过程共同构成了一个完整的心理过程。绘画活动往往离不开想象和联想，而想象和联想又是学前儿童从绘画活动中获得快乐的重要途径。我们在日常生活中可以经常观察到：在没有心理压力的情况下，许多孩子常常会在各种场合自发地开始并且旁若无人地长时间陶醉于这种充满乐趣的想象活动之中。

多种感官共同参与是儿童艺术活动的一个重要特征，教师在开展学前儿童艺术教育时，可以利用一切机会和手段帮助儿童发展记忆力、想象力、联想力。

（五）促进学前儿童情感和意志力的发展

情感是人因社会需要是否得到满足而产生的体验，是伴随着人的认识活动而产生的，同时又对认识的发展起推动或阻碍作用。情感是影响幼儿心理健康的重要因素，培养积极情感也是学前儿童艺术教育的重要任务之一。

学前儿童音乐教育在幼儿教育中占有举足轻重的地位。音乐用来表达人的内心情感，是声音的表现艺术。在学前阶段，儿童能够通过音乐作品带来的情感体验和审美感受来发展自身的情感。儿童在学习音乐时，通过感知音乐作品的美，产生情感共鸣，从而获得美的感受。积极乐观、活泼健康的儿童音乐作品，可以凭其生动的艺术形象启发幼儿的想象，激发他们的情感，让幼儿在轻松愉快的音乐氛围中成长，促进积极情感的发展，塑造活泼健康的个性，从而促进幼儿全面发展。

幼儿时期是一个人身体发育的黄金时期，幼儿通过参加生动活泼的舞蹈活动和节奏鲜明的舞蹈律动，不仅可以增长其体力，还可以促进其他生理机能的发育，比如关节的灵活性、腿部肌肉的发育等。在舞蹈教学中，教师亲切的目光，伴随着轻快的音乐，柔和、清晰、简单的语言，营造出良好的学习氛围。幼儿在充满活力的优美舞姿的启发、引导下，性格情操得到陶冶，能通过面部表情、肢体动作来表达自己的思想感情，养成热情、开朗、大方、活泼的性格。

近年来，不断有研究表明：学前儿童情感体验的性质和程度能够十分明显地影响他们的认识活动和意志活动。

意志是人根据一定目的对自己的行为进行激发、维持、抑制等调节的一种心理过程，是个人成才的重要非智力因素之一。艺术教育活动对学前儿童意志品质的形成有重要的促进作用。艺术教育活动是一种有目的、有计划的教育实践活动，绘画、唱歌都包含一定的艺术技能的学习。掌握艺术技能必须有坚持不懈的精神和克服困难的勇气，这离不开顽强的意志力。如果儿童掌握了一项艺术才能，那他的坚持力和自制力都比没受过艺术教育的孩子强。因此，艺术教育活动是培养和发展儿童意志品质的有效手段。

（六）促进学前儿童创造力的发展

就艺术领域而言，创造力是指人们创作新颖、独特的艺术作品的能力，包括对艺术作品的构思、工具材料的选择、运用工具材料的方式方法、艺术作品的形状与尺寸等等。需要注意的是，对于学前儿童来说，创造力一词也具有特殊的内涵，它主要是指儿童创造出对个人来说是全新的、独特的事物的能力。

艺术教育对学前儿童创造力培养具有巨大的促进作用。儿童在接受艺术教育的过程中，可以进行音乐、美术、戏剧等各种艺术创作活动，使其创造力被激发出来。音乐、美术和戏剧等艺术活动都是比较自由的，儿童可以不受时空等外部因素的限制，大胆想象，自主创作，表达出自己对世界的独特感受。例如，在进行美术活动时，儿童会将自己过去的经验重新组合，创作出一些充满童心、童趣和童真的美术作品，其中不合逻辑的构思、不合比例的造型、随意安排的空间构图和完全凭主观想象的色彩，恰恰是儿童艺术创作力的最好体现。因此，艺术教育在开发儿童创造潜能、提升创造力方面起着不可忽视的作用。

（七）促进学前儿童个性和社会性的发展

所谓个性，是指一个人区别于他人的稳定的独特的整体的特性。个性化作为儿童人格发展过程的一个侧面，是个体在生理上、心理上获得独立的过程，即自我确立、自我形成的过程。它强调的是个体的需要、个人发展、自我实现、个体在世界上的唯一性等等。艺术教育对儿童个性发展的促进作用表现在：艺术作为一种与儿童关系最为密切的活动形式，以其丰富的色彩、造型、音响等让儿童从中感受到快乐，从而培养其对艺术的兴趣，促进儿童个性的发展。

音乐和美术是沟通情感、表达思想的艺术活动，人们可以借助它们进行思想沟通，建立情感上的和谐关系。对于学前儿童来说，艺术教育能够为他们提供大量的人际交往和合作交流的机会，从而培养他们的交往观念和技巧。在各种集体的引导和协调下，儿童逐步懂得与集体保持协调一致的重要性，并且掌握一些与集体保持协调一致的方法，在与他人协同合作的活动中感受到快乐。此外，儿童在艺术教育活动中养成的自觉遵守规则的自律性也是今后社会交往活动所必须具备的素质。

第三节
学前儿童艺术教育的特点

艺术教育与其他领域的教育相比有其特殊性，这是由幼儿学习艺术的年龄特点和学习方式决定的。在艺术教育中，教师应将注意力更多地放在幼儿艺术教育的整体发展性、生活性和游戏性特点上。

一、整体发展性

从教育对象来看，学前儿童艺术教育追求所有儿童的整体发展。不论其背景、天赋如何，都有权享受艺术教育提供的丰富内容。在科技日益先进、感官信息日趋复杂的环境中，艺术教育有助于全体学生发展理解这个充满形象与符号的世界的多种潜力。每一个儿童都有参与、欣赏和表现艺术的权利，并通过欣赏和使用艺术去改善他们的生活。艺术教育对于塑造一个全面发展的儿童是必不可少的。如果一个孩子没有被给予机会参与艺术——舞蹈、绘画或者音乐，那么我们就剥夺了他所拥有的另一种语言。视觉艺术、音乐、舞蹈和戏剧工作中的创造性将真正改变我们思考、学习和解决问题的方式。

二、生活性

艺术源于生活，又高于生活，艺术与生活有着十分紧密的联系。《纲要》中，艺术领域的总目标要求幼儿“能初步感受并喜爱环境、生活和艺术中的美”，在“内容和要求”中提出“引导幼儿接触周围环境中美好的人、事、物，丰富他们的感性经验和审美情趣，激发他们表现美、创造美的情趣”。这充分说明了儿童艺术教育活动生活性的重要。传统的学前教育强调知识和技能的传授和灌输，强调对儿童进行基本功的训练。生活化的艺术教育强调在开展学前儿童艺术教育的过程中，要以他们的生活经验为基础，以他们熟悉的人、事、物为内容，注重生活经验与艺术教育的紧密结合，注重儿童的个性，让他们在生活中发现美、感受美、体验美和表现美，从而真正体现艺术教育在陶冶情操、塑造人格等方面的作用。① 下面以美术教育为例，说明在儿童艺术教育中应该遵循生活性特点。

在选择美术教育的内容时，应该立足生活经验。教师应该以儿童的生活经验为基础，结合自然景物、周围环境的美，将具有本地特色的建筑物、风土人情、民俗文化作为“活教材”渗透到幼儿的一日生活中，并延伸出富有生活情趣的美术活动。比如，让儿童画出自己的妈妈，他们会情不自禁地将对妈妈的情感投射到绘画活动中；让他们用橡皮泥制作鞋子，他们会乐此不疲地完善、装饰自己的作品。

创设生活情境，使美术教育形式生活化。罗丹曾说，生活中不是缺少美，而是缺少发现美的眼睛。审美能力的发展不仅来源于美术活动，生活本身也为美术教育提供了很多资源。一日生活中富有大量感知美、体验美和创造美的机会。教师应该精心创设生活化的审美环境，让儿童在一日生活中就可以感受到室内环境的装饰美、墙面环境的色彩美、室内区域布置的秩序美、室外走廊的乐趣美……另外，教师可以根据活动的主题创设生活环境，如在“红红火火过大年”活动中，教师可以通过剪窗花、贴窗花、挂灯笼等活动布置教室环境，渲染热闹、红火的过年气氛；通过贴年画、贴对联、做新年贺卡体会人们过年时互赠祝福的美好情感，帮助儿童在生活中感受到新年的喜悦，体验过年的快乐。

利用生活资源，使美术教育素材生活化。教师要充分挖掘儿童生活中多种美术教育资源和工具材料，提供丰富而富有层次的真实材料，开展形式多样的生活化美术活动。大自然是一个丰富多彩的物质世界，它为孩子们的艺术创作提供了天然的素材，石头、贝壳、树叶等贴近生活实际的材料，易于唤起儿童的创作热情与欲望。教师可以从自然中收集美术素材，组织树叶粘贴画、装饰石子、欣赏贝壳等活动。

三、游戏性

《幼儿园工作规程》中明确指出游戏是儿童的基本活动，因此，教师无论是选择教育活动内容还是设计教学活动环境，都应该遵循游戏性的特点。儿童在游

①王任梅.美国学前儿童艺术教育的特点及启示[J].外国教育研究,2011,(7).

戏中才能够体验到的心理特征有:享受到不受外界强迫和外在目标引诱的自由,自发地参与活动并自愿服从规则,感受自我表达和创造带来的愉悦和满足。儿童在艺术活动中能够体验到以上三种心理,则说明艺术活动是游戏性的。

要实现艺术活动的游戏性特点,教师要处理好以下关系。

处理好宽松心理环境和良好教学常规之间的关系。宽松的心理环境是儿童进行艺术创造的前提。要让儿童自由自在地表达并实践自己的观念,对儿童的思索提供及时的信息反馈,为儿童营造一种包容和赞赏的心理环境。

处理好游戏性体验与艺术技巧传授之间的关系。艺术教育是一把双刃剑,教得多了,学生极易成为教学内容与教师偏好的奴隶;教得少了,又常见学生因技巧不足而产生挫败感。学前儿童的艺术创造激情和审美能力需要维护和培养。教师可以运用游戏化的情境来解决这一矛盾。如在组织小班撕纸活动"彩色面条"时,教师创设"小熊过生日"的故事情境,并用儿歌"一只小孔雀,两只小孔雀,小嘴亲一亲,一起向下走,嗨咯嗨咯,飞走了"让儿童掌握撕纸的步骤与技巧。在游戏化的情境中,儿童既掌握了撕纸的技巧,又体验到了做面条过生日的快乐。

第四节
学前儿童艺术教育的原则

教育原则是指在教育过程中必须遵循的基本要求和指导原理，它是依据教育目的和教育过程的客观规律制定的。学前儿童艺术教育的原则是依据学前儿童艺术教育的目的、艺术教育活动本身的特点以及儿童身心发展的特点和规律制定的，是整个艺术教育过程中必须遵循的基本要求和指导原理。本节结合艺术教学实际，对艺术教育中需要遵循的原则进行介绍。

一、审美性原则

审美性原则是指在学前儿童艺术教育活动中，无论教育目标的制定、教育内容的选择，还是活动的实施，都应注意审美性。这是由艺术和学前儿童艺术教育的性质决定的。艺术是人类感受美、表现美和创造美的重要形式，也是表达自己对周围环境的认识和情绪态度的特有方式。教师在艺术教育活动中应该利用一切资源、素材，和儿童一起感受、发现、欣赏美的事物，发现美的特征，并用自己的独特方式进行艺术表现和表达。在艺术教育活动中，教师应该遵循审美原则，通过组织美术活动，发展儿童的审美感知、审美想象和审美创造能力。

通过观察和欣赏，丰富儿童的审美感知。以美术为例，美术是一门视觉艺术，事物的形象和特征主要依靠视觉进行感知。而审美感知经验的积累是进行审美创造的基础，因此，教师可以结合儿童的审美心理特点，运用观察和欣赏的方式，通过对美术作品、自然景物、社会生活中的美好事物的欣赏，使学前儿童获得美的感受，丰富他们的审美感知。

通过情境体验，发展儿童的审美想象。教师根据艺术活动的需要为儿童创设生动、形象的学习环境，使他们产生身临其境的感觉，引发相应的情感和态度。审美活动更重要的是表现出体验性,而不是认识性。比如小班撕贴活动“狮子的头发”中,教师应首先创设一个狮子王年纪大了,需要选一个新的狮子王的情境,选择的标准就是谁的头发茂密就选谁。在故事情境中,为了争选狮子王,小朋友们就要想办法把狮子的头发贴得很茂密,还有小朋友一边粘贴狮子的头发,一边做出狮子大吼的动作和表情。

通过讨论探究,提升儿童的审美表现。讨论探究法能充分调动儿童学习的积极性和主动性。利用艺术学科的特殊性,让儿童在讨论某一主题时提出不同的答案,来丰富儿童的审美想象,并提升儿童进行审美表现的技能。如大班手工活动《纸筒娃娃》中,对于娃娃的发型,教师可以组织儿童讨论一下:“你喜欢的是什么发型?怎样才能做出这样的发型?”经过两个问题的讨论,儿童可以探究不同发型的制作方法,从而丰富审美表达的内容。

二、兴趣性原则

兴趣性原则是指教师要注重激发学前儿童的艺术活动兴趣,调动其主动参与艺术活动的积极性,使学前儿童在整个艺术教育活动过程中都保持兴趣盎然、心情愉快的教学原则。

心理学的研究成果表明,兴趣、惊奇等情绪对学前儿童的心理活动和行为的动机作用非常明显,不同类型的情绪可以直接导致儿童产生不同的行为。可以说,学前儿童的行为充满情绪色彩,这是学前儿童不同于年长儿童的一个突出特点。为此,在组织学前儿童进行艺术教育活动时,教师必须注重激发儿童进行艺术活动的兴趣,调动他们参与艺术活动的主动性和积极性,让欣喜、惊奇等积极情绪转化为学前儿童艺术学习行为的内在动力,促进其在艺术领域的主动发展。

《3—6岁儿童学习与发展指南》非常重视对学前儿童艺术活动兴趣的培养,从中可以找到很多与培养学前儿童艺术活动兴趣有关的词,如“喜欢”“乐于”“愿意”“乐在其中”“积极”等等。这些词表明《指南》对学前儿童艺术活动兴趣的关注。幼儿教师必须明白,学前儿童艺术教育活动的重点不在于艺术知识和技能的传授,而在于对学前儿童艺术活动兴趣和情感态度的培养。兴趣性原则的提出正是上述学前儿童艺术教育活动宗旨的落实与体现。

根据学前儿童情感情绪发展的特点以及艺术活动的特点,教师在组织学前儿童艺术教育活动时,可以从以下三个方面贯彻兴趣性原则。

第一,合理、适度地提供新颖的艺术活动材料。在学前阶段,儿童注意的一个主要特点就是无意注意占优势，有意注意逐渐发展。3岁前儿童的注意基本上都属于无意注意，3—6岁的注意仍然主要是无意注意，但呈现出两个特点：一是刺激物的物理特性仍然是引起无意注意的因素，强烈的声音、鲜明的颜色、生动的形象、突然出现的刺激物或事物发生了显著变化，都容易引起儿童的无意注意；二是与儿童的兴趣和需要有密切关系的刺激物，逐渐成为引起无意注意的原因。总之，在整个幼儿期，新颖性对引起儿童注意有重要的作用。

根据上述心理学研究的成果，在组织学前儿童开展艺术活动时，教师就应为学前儿童提供富有新颖性的艺术活动材料，从而吸引儿童的注意，引起他们的活动兴趣。需要注意的是，教师在提供新颖的工具材料时，不仅要满足丰富多样性，还应注意投放方式是否合理以及投放的数量是否适度。如果幼儿园教师为儿童一次性提供大量的美术工具材料，将儿童能够操作的所有工具材料都摆放在儿童面前，结果导致儿童眼花缭乱、无所适从，而无暇顾及如何用好一种工具材料进行艺术表现。因此，在组织学前儿童进行艺术活动时，教师应该遵循由易到难、由简到繁、层层递进、步步深入的教学规律，合理、适度地投放工具材料，并引导儿童循序渐进地学习各种工具材料的使用方法。

第二，设计游戏化的、生动有趣的活动环节。游戏是学前儿童最喜欢的活动，同时，游戏也与艺术有着天然的联系，二者相互包含。游戏与艺术的天然联系使得游戏成为帮助儿童从事艺术活动的最佳方式和手段。可以说，教师设计出生动有趣、富于游戏化的教育活动环节，是激发学前儿童艺术活动兴趣的关键。

在教学过程中，教师既可以创设游戏化的教学情境，也可以采用生动形象的游戏化练习方式，还可以使用富于趣味性的教学语言来提示、指导和鼓励儿童。例如，为了让小班幼儿掌握手指点画的方法，教师可以创设“小刺猬采果子”的游戏情境，为每个幼儿发放一张已经画好小刺猬的画纸，请大家一起来帮助小刺猬采果子。这种游戏化的活动设计，充分调动了幼儿参与活动的积极性和主动性，幼儿会很有兴致地练习用手指朝不同方向点画小果子的方法。

第三，理解和尊重儿童，给予儿童多样化的、恰当的艺术评价。贯彻兴趣性原则还应注意的是，教师不应该用成人的艺术标准或“像不像”“好不好”等标准来评价儿童的艺术作品，而应该采取多样化的、恰当的艺术评价方式，理解和尊重儿童的个性化表达。

伴随着人类社会的历史发展，各式各样、丰富多彩的艺术作品层出不穷，它们如夜空中的点点繁星，无法计数，却各自散发出独特的光芒，群星闪耀才使得人类艺术的长河熠熠生辉。与艺术作品的个性化和多样化相适应，艺术教育亦不应该追求统一的标准，而要提倡丰富多样、富有个性的艺术表达。因此，在学前儿童艺术教育活动中，教师必须尊重儿童个性化的艺术表达方式，给予儿童具体的、恰当的、鼓励性的艺术评价，可以通过肯定作品的优点、表达自己的感受等方式来评价儿童的作品，如“你画的小女孩真可爱，如果她的裙子再多一些颜色，她一定会更漂亮”。通过春风化雨般的鼓励和支持，增强儿童对艺术活动的自信心，逐渐培养起他们对艺术活动的兴趣。

三、创造性原则

创造性原则是指教师在组织学前儿童艺术教育活动时，应把握艺术具有创造性的基本属性，注重为儿童营造艺术创造的氛围，提供艺术创造的机会，培养儿童的创造意识、创造能力和创造个性的教学原则。

创造是人类生存与发展的一种重要手段，追求推陈出新始终是人类艺术生生不息的生命动力之所在。在组织学前儿童艺术教育活动时，教师必须培养儿童的创造意识、创造能力和创造个性，鼓励他们发现和创造一个属于自己的艺术世界。因此，创造性原则也就成为组织学前儿童艺术教育活动的一个基本原则。

根据艺术创造的规律和学前儿童的身心发展特点，教师在组织学前儿童艺术教育活动时，可以从以下三个方面贯彻创造性原则。

第一，树立正确的艺术教育观念。在贯彻创造性原则时，教师应该厘清某些模糊的观念。在幼儿园艺术教育实践中，有的教师常常怀有一种矛盾的心态：既担心艺术知识技能学习妨碍儿童的创造性发展，又担心儿童自我表达时缺乏必要的艺术知识技能。其实，这些教师之所以有这种担忧，是因为他们没有厘清创造性培育和艺术知识技能学习之间的关系，没有树立起正确的儿童艺术教育观念。

与其他领域相比较，学前儿童艺术教育领域的学习与发展有其独特之处，其中之一就是儿童进行艺术表现时需要必要的艺术知识技能作为支撑。儿童不可能永远依靠自己与生俱来的艺术本能进行艺术创造活动，随着整体智慧水平的不断提高，儿童对自己的艺术表现与创造能力的要求也会越来越高。如果教师不能适时帮助儿童掌握必要的艺术知识技能，儿童参与艺术学习的兴趣就会大打折扣。所以，教师必须正确地认识创造性培育与艺术知识技能学习之间的关系。创造性培育是学前儿童艺术教育的主要任务之一，而艺术知识技能的学习又是提高儿童艺术表现与创造能力的必要条件。因此，教师应将艺术知识技能作为帮助儿童进行艺术创造的手段，促进儿童在这两个方面协同发展。

第二，营造自由、宽松的艺术创造氛围与环境。创造是人类自由的产物和表现。人们只有身处自由、宽松的环境之中，才能积极主动地探索和思考，才能将其创造潜能充分发挥出来。因此，组织学前儿童艺术教育活动时，教师有必要为儿童创设一个自由、宽松的艺术创造氛围，如为儿童提供更加自由的活动空间，而不必将儿童局限在活动室里或者座位上。此外，教师要努力消除儿童害羞、胆怯和依赖等妨碍创造潜能发挥的不良心理倾向，鼓励儿童积极主动地参与到艺术创造活动中来。

每个儿童生来就具有艺术潜能，自发的涂鸦活动、自由的哼唱和随音乐摆动的身体，这样的现象几乎在每个学前儿童身上都出现过。此外，学前儿童的好奇心强，喜欢求新、求变，其艺术想象更是自由大胆，常常会创造出一些在成人看来既可笑又非常可爱的艺术形象。学前儿童这些行为中，蕴含着创造意识和创造能力的萌芽，也体现出学前儿童鲜明的个性。为此，教师应该努力营造自由、宽松的艺术创造氛围，对学前儿童加以精心培育。

第三，采用灵活多样的艺术教学方法。在艺术领域，具有创造性的作品通常是指那些新颖、独特、非常态的作品。创造性可以体现在艺术作品的各个方面，如艺术工具材料的选用，运用艺术工具材料的方式方法，艺术作品的形状与尺寸等。由此可见，培养学前儿童的创造意识、创造能力和创造个性绝不可能一蹴而就，也不可能凭空完成，教师必须采用多种多样的艺术教学方法。

四、参与性原则

参与性原则是指教师在组织学前儿童艺术教育活动时，应创设良好的艺术活动氛围，并尽可能地提供参与艺术活动的机会，使儿童能积极主动、全身心全方位地参与到艺术教育活动之中，从而获得愉悦的艺术体验，并在感受、欣赏、表现和创造等艺术实践活动中不断获得发展的教学原则。

艺术活动是最需要参与者全身心投入并充分发挥其能动性的活动，仅凭教育者的灌输与传授，没有受教育者的亲身参与和体验，艺术活动是很难顺利进行并取得良好的效果的。艺术活动的上述特点在学前儿童身上尤为明显。对学前儿童审美心理的研究表明：学前儿童通常不会静止不动地进行艺术欣赏和创作活动，而是要借助语言、身体的各种动作或表情来表达和强化自己的艺术体验。因此，教师必须遵循艺术教育的参与性原则，为儿童提供主动参与的机会和氛围，使他们能全身心地参与，获得艺术能力的发展。

根据学前儿童的审美心理特点和艺术教育的独特规律，教师在组织学前儿童艺术教育活动时，可以从以下三个方面来贯彻参与性原则。

第一，正确理解参与性原则的内涵。参加并不代表参与，学前儿童艺术教育的参与性是具有独特含义的：首先，从参与的性质来说，儿童的参与应该是一种主动的、创造性的参与，而不是被动的参加，儿童必须是艺术活动的主体。其次，从参与的方式和途径来说，儿童的参与应该是全身心、全方位、即兴的活动，而不是事先排练好的表演。儿童不仅有听觉和视觉的参与，还应该包括触觉、语言、表情和动作等各方面的参与。最后，从参与的结果来说，儿童的参与本身就能使他们获得愉悦的体验，获得主动的发展，因而可以说，参与本身就是艺术教育的目的之一，参与的同时就已经获得了教育效果。

第二，教师要创造机会，使儿童能全身心、全方位地参与艺术活动。在艺术活动中，学前儿童如果仅仅有视觉或听觉等单一通道的参与，其艺术活动兴趣则很难持久。因此，教师应创造机会，使儿童能够全身心、全方位地参与到艺术活动中，不但要用眼睛看、用耳朵听，还要有唱、有跳、有表情、有动作；不但要动口、动手，还要动脚和身体的其他部位；不但要有身体的参与，还要有心灵的参与。

第三，处理好参与过程与参与结果的关系。教师既要注重学前儿童参与的过程，也要注意学前儿童参与的结果。根据学前儿童的身心发展特点和艺术活动规律，在某种意义上可以说，教师对儿童参与艺术活动过程的重视应该超过结果。学前儿童参与艺术活动的过程，本身就是令人愉快的，如果过于注重结果，就会在学前儿童参与艺术活动时，限制其主动性、创造性和艺术想象力的充分发挥。活动过程和活动结果是相辅相成的，有了令人兴趣盎然、身心愉悦的艺术活动过程，一般都会有令人满意的艺术活动结果。

【小结】

本章主要讨论了四个问题：

1. 学前儿童与艺术教育；
2. 学前儿童艺术教育的价值；
3. 学前儿童艺术教育的特点；
4. 学前儿童艺术教育的原则。

本书所说的学前儿童艺术教育是一种艺术综合教育，是一种指向艺术共性的艺术教育。它对学前儿童全面发展的价值，主要体现在为儿童身体、心理（感知觉、记忆力、想象和思维等）、语言、情感、意志力、创造力、个性和社会性的发展等方面。

思考与练习

1. 如何理解“儿童天生就是艺术家”？
2. 学前儿童艺术教育与儿童全面发展之间的关系是什么？
3. 学前儿童艺术教育的特点及原则是什么？

【应用与实践】

搜集与学前儿童艺术教育实践有关的案例，综合运用本章所学知识，对案例中反映的问题进行分析和探讨，并自拟题目，撰写一篇学前儿童艺术教育案例分析。

第2章 学前儿童审美心理

在学科游戏教学过程中，教师要引导幼儿进行审美体验。在识字游戏教学过程中，可采用图文法，用美丽的图画形象地引出所学汉字，让幼儿在欣赏图画美的同时延伸到语言美；在活动课上，教师准备好仿真布娃娃及若干件不同颜色、款式的娃娃服装，让幼儿给娃娃"穿一穿、配一配"，在活动过程中体会色彩美、服饰美；在体育课中，可让幼儿做"比比谁的身体美"的游戏，将身体美的美育内容引导到体育游戏中，让幼儿了解什么样的身体才是美的。

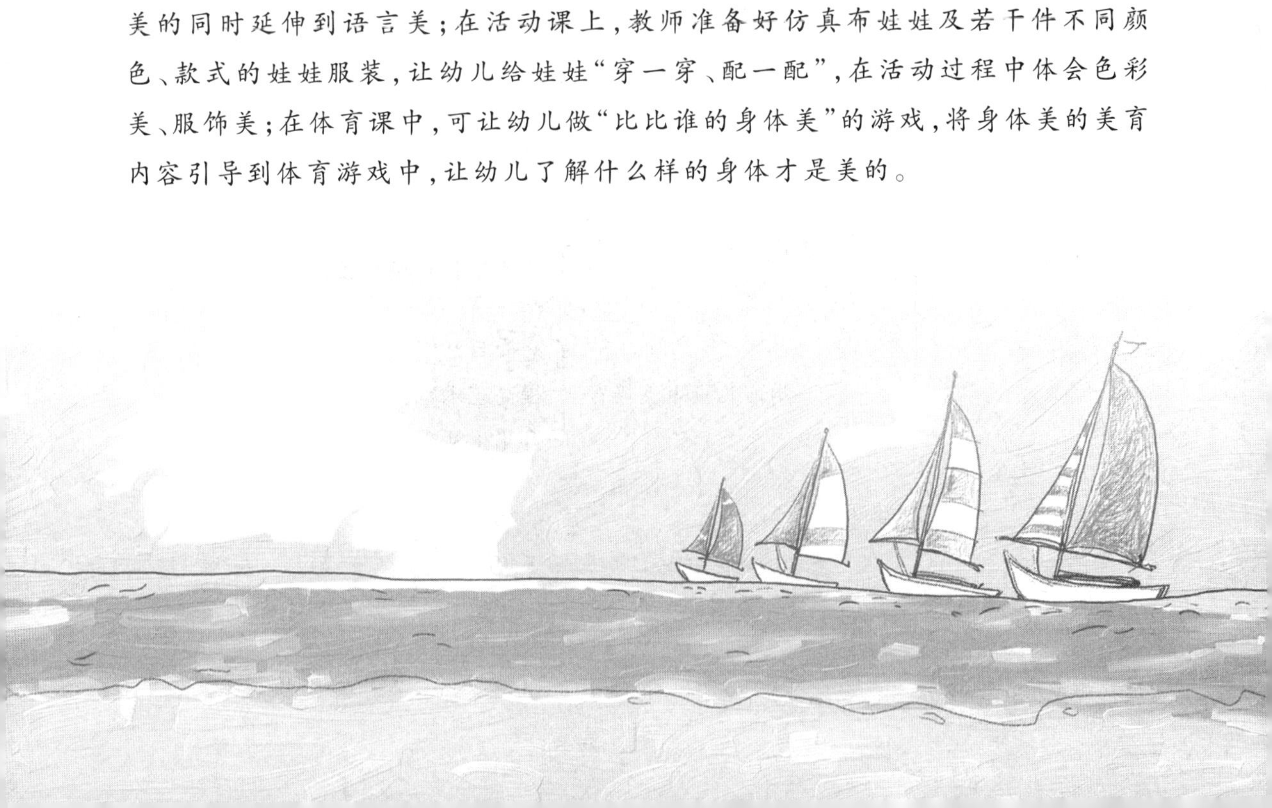

【学习目标】

1. 掌握学前儿童审美心理结构中认知、情感、想象的相互作用。
2. 能根据学前儿童审美心理特点组织不同的儿童游戏。
3. 能将艺术作品运用于儿童审美心理的建构。

【学习重难点】

1. 理解审美想象是儿童的创造性与艺术的创造性的源泉。
2. 理解自然审美、艺术审美和生活审美在儿童的审美心理培育中相互作用，最终形成儿童内在审美意识的建构过程。

【知识结构图】

- 学前儿童审美心理
  - 学前儿童审美心理特征
    - 感性思维占主导
    - 阶段性审美发展
    - 游戏审美方式
    - “泛灵论”审美倾向
  - 学前儿童审美心理结构
    - 审美认知
    - 审美情感
    - 审美想象
  - 学前儿童审美心理影响因素
    - 先天遗传因素
    - 后天成长环境和教育
  - 学前儿童审美培育
    - 感受自然审美
    - 提高艺术审美
    - 升华生活审美

第一节
学前儿童审美心理特征

按照国内外现行的医学以及心理学的分类，人从出生到幼儿期可分为以下几个阶段：出生和新生儿期，出生—1个月；婴儿期，1个月—1岁；学步儿期，1—2岁；早期儿童期，2—6岁。通常，这几个阶段统称为儿童期，正式进入小学阶段前的儿童统称为学前儿童。儿童具有纯真的天性，这种天性决定了儿童对世界怀有一颗直观、创造、真诚和博爱的心，也是爱美的心。对学前儿童审美心理特征的研究是进行儿童审美教育的基础，只有了解了儿童审美心理特征，才能在此基础之上，有针对性地进行符合儿童成长规律的审美心理培养。

一、感性思维占主导

儿童的思维与成人的思维存在着很大的不同，对于儿童来说，感性思维是他们的主要思维方式。在出生—1.5岁这一期间，思维的基本单元是感知客体和运动性动作，而在1.5岁—5岁这一期间，思维的基本单元已变成了这类客体与动作之间的关系。先说一下感知运动思维，即动作就是思维，思维就是动作。这是伴随每个早期儿童的情绪情感一起产生的一个基础性的心理特点。对于这个阶段的儿童来说，他们认为看得见的东西才是存在的，而看不见的东西就不存在了。他们此时的思维不是凭借具体的生活经验，更不是凭借抽象的思维，而是直接与行动联系在一起，是在动作中进行的。这个时候的儿童，只要映入眼帘的事物是自己喜欢的，就会毫不犹豫地用手去拿，没有危险意识，也没有生活常识，会把不能吃的东西放到嘴里。如果得到就会很开心，如果拿不到还会着急地哭。就拿小孩子上床这个例子来说，他们在这个阶段还不会用语言，会拉着大人的手到床边，然后自己趴到床沿上，另一只手则拿着大人的手向上托自己的臀部寻求帮助。这个年龄段儿童的日常生活、与人交往靠的是动作。

随着年龄的增长，儿童的心理活动能力也通过不断掌握外部动作而发展起来，思维方式也随之发展起来。在1.5岁—5岁这一期间，儿童思维的特点类似于美学家谷鲁斯所说的“内模仿”，即儿童在内心模仿外界事物精神上或物质上的特点。例如，当儿童画到自己的“军队”的枪炮射出的子弹与炮火落在“敌人”人群中时，一边从嘴里发出“哒哒哒”“轰隆隆”的声音，一边又把自己变成“中弹的敌人”，然后“啊”的一声倒毙在地上。到了这个阶段，他们已能摆脱具体的动作，开始习惯于对那些曾经见过的事物进行思考，开始了从动作思维到形象思维的升华。所谓形象思维，就是借助于事物的形象或表象来认识世界的一种思维方式，它的最大特点是自始至终都离不开具体的形象。例如，你问孩子“ 2+1=?”这样抽象的问题，这个阶段的儿童是无法回答的。可是我们拿两个苹果，再拿一个苹果，然后放到一起，让儿童去数一共多少个，他就会说：“一共是3个。”只有到了学龄阶段，当他们有了数的概念以后，才开始脱离形象，快速、正确地算出这道题目的答案来。形象是幼儿思维的材料，这种形象对幼儿来说不仅是具体的，而且应该是醒目的、富有特色的。德国艺术史家格罗塞认为，从原始时代起，人类喜爱红色的癖好一直保留到今天，这一说法在小孩子身上最为明显，他说：“我们只要留神观察我们的小孩，就可以晓得人类对于颜色的爱好至今还很少改变。在每一个水彩画的颜料匣中，装朱砂红的管子总是最先用空。”正是形象思维的特点决定了幼儿对美和艺术的偏爱，因为凡是美的东西，总是具体的、形象的，也总是生动的、富有感染力的，因此，它也最能为幼儿所接受。儿童对动画片的偏爱就是个典型的例子。

二、阶段性审美发展

儿童在什么时候开始出现审美的能力？这是一个尚未解决的问题。一般认为,儿童的审美能力最初来自遗传的普通感知能力。一些研究表明，3—4个月的婴儿已经能够分辨彩色和非彩色，红色能够引起儿童的兴奋。4—8个月的婴儿最喜欢波长较长的温暖色，如红色、橙色、黄色，不喜欢波长较短的冷色，如蓝色、紫色等；喜欢明亮的颜色,不喜欢暗淡的颜色。关于颜色视觉偏爱的研究也表明，3个月左右的婴儿观看彩色圆盘的时间比灰色圆盘长一倍；儿童掌握颜色的顺序为黄、红、绿、蓝、紫、橙。而形状知觉的研究表明,很小的婴儿也喜欢看有图案的模式，不喜欢看没有图案的模式；喜欢看清晰的图像,不喜欢看模糊的图像；喜欢看活动的图像，不喜欢看静止的图像;喜欢看轮廓多的图像，不喜欢看轮廓少的图像;喜欢看曲线,不喜欢看直线和角;喜欢看人脸图像,不喜欢看非人脸的图像;喜欢看结构复杂的图像,不喜欢看结构简单的图像。这些研究没有指明儿童的上述“喜欢”是生理性的快感还是审美意义上的快感,但许多研究都指出,儿童最初的美感与生理的快感是难以截然区分的,儿童的美感来自生理的快感。一些研究者还从动物进化的角度提供了美感来自最初的生理快感的证据。有研究表明,5个月的婴儿能够表现出识别旋律轮廓的能力,同时也具有了识别简单节奏模式的能力。还有研究认为:4岁是图形知觉的敏感期,在这时对儿童进行图像的训练能够得到更好的效果。从上述研究结果可以推测,儿童的审美心理的萌芽期应当是在婴儿期,具体地说,婴儿在2—3个月的时候就已经具备了感知美的事物的能力。

儿童早期的美感表现是不太一致的。到婴儿末期,多数女孩表现出初级的美感体验,如在给成人表演舞蹈时,会表现出自豪感和愉悦感;有的儿童表现出明显的音乐快感,当听到熟悉的音乐或节奏明快的音乐时,会感到愉快、兴奋和欢乐;有的儿童的美感表现在服饰美上,穿上自己喜欢的服饰就会感到有信心、感到愉快,甚至还有炫耀感。

进入幼儿阶段的儿童开始学习简单的绘画、音乐、舞蹈、体操和手工等,他们在这些活动中能够明显地感受到与生理快感不同的审美快感,但他们对美的评价还没有较完善的标准。例如,在评价同伴或自己的绘画作品时,往往以绘画内容的真实性或与现实的接近程度作为评价的标准;在评价歌唱水平时,这时的儿童往往不看演唱者的艺术水平,而是简单地看是否唱完或看谁的声音更大。他们还不能进行明确的欣赏活动,但对自己的创作活动则表现出津津乐道,兴趣盎然。例如,有的儿童特别喜欢跳舞唱歌,他们能够在自己的演唱活动中感到巨大的愉快;有的儿童特别喜欢绘画,他们在绘画的过程中感到莫大的幸福。

三、游戏审美方式

儿童时代是游戏的时代,游戏是儿童最基本的生活和学习方式,也是他们最基本的审美方式。游戏是儿童充沛的生命活力自然涌现的结果,它是无实际功利目的的,游戏过程就是目的。然而,恰恰正是这种无功利目的的活动,促进了儿童各方面的健康成长。儿童游戏的上述特征与成人的审美活动有着深刻的内在联系,所以,在中外美术史上都有“游戏说”,用以说明审美或艺术活动的特殊性质和规律。

儿童总是喜欢生动活泼、充满趣味性的活动。他们不喜欢也不理解过于严肃、枯燥无趣的说教。而且,儿童的审美活动最好是全身心参与,既动脑,又动手,使整个身心都得到解放。如幼儿活动“我们身边的线条”,教师将学生的兴趣引向高潮后,让学生自己去寻找不同的线条,学生们就像小鸟一样,飞到校园的各处,按自己的审美方式和兴趣尽情地去找,结果也是非常真实生动的。在学生全身心参与活动的过程中,他们得到了整个身心的解放,也将知识的趣味性渗透在游戏活动的各个环节中。

四、“泛灵论”审美倾向

在早期儿童看来,大自然中的一切,如天上的云彩和小鸟,地上的花草树木,河里的流水游鱼等等,都是有情义、有悲喜、有生命情感的。楼昔勇用“儿童从自己的心灵出发与对象进行主动而自由的对话”来解释儿童的这一心理现象。例如,给女孩子买一个布娃娃,她就会根据自己的生活,给布娃娃梳辫子,还会给布娃娃穿上漂亮的衣服。如果不小心把布娃娃摔在地上,她会赶快把娃娃抱起来,一边说“不哭,不哭”哄着娃娃,一边在地上跺几下,说“你坏! 你坏!”皮亚杰把幼儿的这种心理想象称为“泛灵论”倾向,把死板的物体生命化,把心灵世界物质化。这种心理也可以称为审美移情。移情,使没有生命的有了生命;移情,使有生命的更富生机;移情,使我们学会更爱这美的世界。

幼儿的“泛灵论”心理,为他们的审美活动带来了很大的优势,其中最为突出的一点是表现出非凡的想象力,这样就极大地拓宽了幼儿审美的天地。他们总是自主、自由地创造着审美对象。他们在游戏中,总是很愉快地把自己扮成各种小动物,在绘画中,他们也尽情地创造审美对象。一位6岁小姑娘的绘画作品,畅想到月亮上荡秋千,在联合国举办的世界儿童绘画比赛中获得了一等奖。

幼儿的这种“泛灵论”倾向或者说这种“审美移情”产生的原因,皮亚杰认为与幼儿的自我中心主义有关。就是说,当儿童面对外物时,他们并不按照成人的逻辑标准对事物进行分类,而是从自己的心灵出发与对象进行沟通。例如,兄妹两人一起上街为父母挑选生日礼物,7岁的哥哥会选按摩器,因为他看到父母上班很辛苦,需要按摩器来放松放松。3岁的妹妹却会选一根棒棒糖,她以为父母也会像自己一样非常喜欢吃棒棒糖。他们就是这样从自己的生活经验出发、从自己的情感体验出发、从自己的感官出发,自由地表达。

儿童“泛灵论”的心理特点,为儿童美育提供了有利的条件。正因为有“泛灵论”的心理特点,儿童对各种形式的美充满了兴趣、充满了想象。在没有外力的干扰时,他们会自由地选择、创造,从而愉悦身心,提高审美能力。

第二节
学前儿童审美心理结构

审美心理结构，即审美心理机能、审美心理形式，是主体在长期的审美实践中形成的，由审美对象引起的特殊的心理活动的构成，包括感知、想象、理解、情感等因素。①学前儿童的审美心理结构主要由审美认知、审美情感、审美想象构成。

一、审美认知

审美认知是个体审美心理结构中的核心成分，它在个体的审美活动中具有举足轻重的地位，一切审美信息都是由审美认知进行加工和处理。审美认知是一切审美活动的信息加工基础，没有审美认知的作用，就没有个体的审美活动。审美认知的发展在整个审美心理的形成和发展中占有重要地位。因此，对审美认知的研究历来是审美心理学的重要课题。一些审美心理学家对审美认知进行了详细的研究，提出了审美认知发展的阶段理论，用来说明个体审美认知的发展过程。

（一）审美认知发展的五阶段理论

加德纳既是当代著名的儿童发展心理学家，也是著名的艺术心理学家，他成功地将艺术与心理学结合起来，研究了艺术在人类个体心理发展中的作用。他根据对儿童绘画心理的研究，提出了审美认知发展的五阶段理论，其中涉及学前儿童的有两个阶段。

①朱先树.诗歌美学辞典[M].成都:四川辞书出版社,1989.

1. 第一阶段:0—2岁,婴儿知觉期

婴儿的主要任务是认识他人和几何形体,发展最初的知觉能力。一般来说,这时的儿童还缺乏与艺术品的直接联系,即使在他周围布满艺术品也是一样,因为对艺术的整体特征的掌握远远超出了他们的能力范围。但这时他们能够注意光源,趋向明暗对比强烈的物体,有了人像偏爱,甚至流露出对有组织的形式(如方格图案的棋盘)的偏爱。这种萌芽状态的、对非组织性或分离性形式的认知和排斥,对今后的审美发展具有十分重要的意义。

2. 第二阶段:2—7岁,符号认知阶段

儿童开始掌握图像、手势、声音、数、形式和语言等多种符号的意义。对符号意义的理解和掌握,是儿童进一步理解艺术的整体特性的基础,因为符号及其意义是艺术品的基本语言。但因相应知识不足,这时儿童还不易掌握艺术品的整体特征。他们可以依据再现内容的类型对绘画作品进行分类,但不会从艺术品的风格或形式方面判明艺术品的类别。他们已能区分色彩和线条的"响亮"或"安宁"等表现性,因而,在精心设计的条件下,学前儿童可以获得一定程度的审美能力,但条件一旦消失,短时获得的审美能力也将很快下降或消失。

(二)审美认知发展的三阶段理论

美国心理学家丹尼·伍尔夫1987年提出了审美认知发展的三阶段理论,用来解释儿童审美认知的发展。其中涉及学前儿童的是第一阶段(4—7岁),即理解绘画符号阶段,幼儿的感觉、期望都偏向实用目的。2—5岁时,随着对母语中的数字以及音乐的掌握能力的提高,他们就逐步趋向符号,从而有可能成为地道的图像读者,与图像制作也发生较深刻的关系。这意味着他们开始具备领悟图像的需要和能力。

二、审美情感

儿童的情感表达更加真实和直率,他们从生活经验出发,自然地表达自己的审美情感。儿童在评价谁最好的时候,会很直接地做出评价,他们的审美情感表达得真实和直率,没有任何掩饰。相对于儿童而言,成人则显得内敛多了,他们几乎不会直接地表达自己的爱憎,而是表现出一种从众心理,收敛了自己的审美情感。

三、审美想象

儿童审美想象的发展有着一定的特点和规律。陈帼眉等认为，幼儿1—2岁时没有想象心理。因为进行想象必须有相当数量的记忆表象，并且有对记忆表象进行加工改造的能力，而此时的幼儿尚不具备这种能力。到了2岁左右，幼儿开始出现想象，但是此时只是萌芽。幼儿3—4岁时，想象逐渐发展起来，但是主要表现为无意想象。

纳塔杰针对4—6岁儿童进行的定式想象实验结果表明，4岁儿童完全不能形成想象定式的比例相当大。幼儿5—6岁时，有意想象和创造想象已经相当明显，主要具有以下特点：(1)想象的有意性相当明显；(2)想象内容进一步丰富、有情节；(3)想象内容新颖性程度增加；(4)想象形象力求符合客观逻辑。

第三节
学前儿童审美心理影响因素

学前儿童审美心理发展受到遗传、成长环境及教育的共同影响。儿童最初的审美心理是通过感知力的发展而获得的，而感知力的发展由遗传素质提供，所以遗传因素是儿童审美心理发展的基础。后天的成长环境和教育引导了儿童审美心理的发展方向，影响儿童审美心理结构的形成。

一、先天遗传因素

儿童的审美能力最初来源于遗传得来的普通感知力。普通感知力是孩子由遗传所得，不需要具体的学习和模仿，随着年龄的增加，普通感知力逐渐增强。孔起英就提到过：婴儿在 3 到 4 个月的时候就能分辨出颜色是彩色还是非彩色；在 11 周到 12 周就可以在各种声音中辨别出人的声音，尤其是自己的妈妈的声音。随着年龄的增长，这种感知力越来越强，在 4 到 8 个月的时候，婴儿开始喜欢彩色中的温暖色和明亮色；在 6 个月的时候，会开始对音乐做出一定的反应，会向音乐响起的方向转头，并做出一定的表情反应。婴儿的这些具体行为，都不是通过教育或学习、模仿得来，而是先天就已经具备。就儿童审美心理结构的形成而言，先天性的遗传使孩子具备了最基本的审美能力。

二、后天成长环境和教育

后天的成长环境和教育对儿童审美心理结构的形成发挥着至关重要的作用。随着年龄的增长，儿童所面对的环境更加复杂。出生后，孩子主要生活在家庭环境之中。家庭环境包括家居布置、家庭成员的基本关系、家庭之中的氛围。

家居布置会对孩子的形象思维产生影响，例如家居布置整齐、干净、颜色明亮，会让孩子对美的事物进行感知，认为美的事物就是应该有序、干净、有明亮的色彩；家庭关系会对孩子的情感性思维产生影响，例如父母关系和睦的家庭，孩子的生活中充满爱，孩子也会用爱的眼光去审视世界，从而更容易得到美的体验；家庭之中的氛围会对孩子的审美选择能力产生影响，例如在一个充满艺术氛围的家庭，孩子从小受到艺术的陶冶，就会在以后的成长中对美好的事物充满向往与憧憬。到了入园年纪，孩子就会接触到学校环境。学校环境包括学校的自然环境以及人文环境。学校的自然环境指的是校园的植被建设和校园建筑设计，它作用于儿童的直观感受，培养儿童的形象思维；人文环境指的是在学校开设图书馆，在校园墙壁上挂名人名言，展示学校的校风、校训、校歌和教育教学活动等，它更偏重于对孩子审美情感的激发。随着儿童的成长，他们会进一步接触到简单的社会环境。社会环境中的风俗礼仪、道德观念等也会对孩子的审美心理产生影响。

第四节 学前儿童审美培育

儿童审美心理的发展,更多依赖于我们的培养。柏拉图认为,人应该从小就接受严格的教育,培养儿童的审美心理,它直接关乎孩子对形式美的感受力,也便于培养孩子健康的心灵,使孩子在生理和心理方面都能健康地成长。儿童审美心理的培养主要从自然审美、艺术审美、生活审美三个方面来进行。

一、感受自然审美

儿童对自然美的审美经验积累应该是一个循序渐进的过程,我们应该对他们一步步地进行引导,使他们在自然审美中养成热爱自然的审美情趣并积累审美经验。

在我国,父母注重利用自然美提高孩子的审美经验由来已久,人们认识到了孩子接触自然和感受自然美的重要性。比如《傅雷家书》中,傅雷多次让傅聪不要仅仅专注于练琴,还应多走到自然中去感受生活,积累自然美的审美经验,提高自身的审美意识,才能启发音乐的灵感。在 1960 年 11 月 26 日的家书中,傅雷就说道:“我老是觉得,你离开琴,沉浸在大自然中,多沉思默想,反而对你的音乐理解与感觉好处更多。人需要不时跳出自我的牢笼,才能有新的感觉,新的看法,也能有更正确的自我批评。”音乐与自然密不可分,人在自然的触发下对音乐的理解更为深刻,而音乐也使人感受到自然与生活的情趣,使人追求生活的本真状态。傅雷看到了自然审美对于孩子成长的重要性,在《傅雷家书》中也不止一次让孩子到大自然中感受生活的美好,积累丰富的自然审美经验。正如卢梭所说:“如果一个人从未在干燥的原野上跑过,而他的脚也没有被灼热的沙砾烫过,如果他从未受过太阳从岩石上所反射的闷热的热气,他怎能领略到那美丽的清晨的新鲜空气呢？花儿的香、叶儿的美、露珠的滋润，在草地上软绵绵地行走，所有这些，怎能不使他的感官畅快呢？”中国古代对于自然美的欣赏和表现，也经常用“情来神会”“心会神融”“神机凑会”等来形容。

既然感受自然对于儿童审美经验的积累如此重要，我们就更应该对孩子感受自然的方法进行积极的引导。首先，要引导儿童全身心地去感受自然。我们要引导孩子在感受自然时充分调动五官的生理感觉，同时也要充分发挥想象和联想，将自己的生活经验与大自然相联系，从而更好地感受大自然带来的美。例如，我们带着儿童观看一条小溪，不仅要引导儿童看见清澈见底的溪水和听见潺潺的流水声，还要引导孩子从自己的生活经验出发，想到小溪弯弯曲曲的样子像生活中的彩带等。其次，要引导儿童积极参与在大自然中的实践活动。带着儿童爬山，可以让孩子体会到先吃苦而后“一览众山小”的豁然开朗；带儿童种树养花，可以让孩子在照顾它们的同时，体会到劳动的艰辛，在花开时感受到大自然的神奇，也体验到自己创造价值的乐趣。

二、提高艺术审美

相较于自然审美而言，学校教育更偏重于艺术审美。柏拉图曾经说过：“我们不是应该寻找一些有本领的艺术家，把自然的优美方面描绘出来，使我们的青年们像住在风和日暖的地带一样，四周一切都对健康有益，天天耳濡目染于优美的作品，像从一种清幽境界呼吸一阵清风，来呼吸它们的好影响，使他们不知不觉地从小就培养起对美的爱好，并且培养起融美于心灵的习惯吗？”把自然的优美描绘出来，就成了艺术的形式。能够使儿童养成对美的爱好的优美作品，就是我们所要谈的艺术。艺术美是儿童经常接触到的审美对象，因此，艺术审美是审美经验积累最有效的来源，形式也最为多样。

绘画是通过色彩、线条以及均衡、对称、比例、明暗等构图方式来构成画面的一种艺术形式。儿童绘画的特点，既不同于一般成人，也不同于美术家。一般成人的绘画是在平面上再现事物的本来面目，即所画的图形尽可能地与实物相像。美术家的绘画则有各自不同的风格、表现方式、表现技法，同时表达出不同的思想感情。儿童的绘画则没有美术家那样复杂的考虑。也就是说，不能用艺术家的眼光来看待儿童的绘画，也不能用成人的标准来评价儿童的绘画。我们要通过绘画来提高儿童的审美能力，在绘画中培养儿童的观察力，观察力的培养与儿童感受美、理解美和表现美的能力密不可分。“所谓的观察，并不是一般的看。观察是有目的、有意识地去感知事物。在观察中要动脑，对事物进行比较、分析。着重观察表现事物的形状、结构、颜色、形态等主要特征，使之在头脑中形成鲜明的表象。”[①]在绘画中要培养儿童的审美想象，艺术离不开想象，正是想象力的渗入，才使整个的艺术形象更鲜明、更生动、更具吸引力。儿童绘画充满了想象，儿童天真无邪的情趣往往表现在各种各样神奇的想象之中。在绘画中也要培养儿童的审美表现力，通过游戏的方式激发儿童的绘画兴趣。要提高儿童的绘画能力，首先需要技巧的指导。老师要在儿童有表现欲望而不能表现的时候，指导他们落笔要有分寸，比例要合理，色彩要得当，处理远近、浓淡、大小、虚实、隐显、高低等关系要巧妙。其次，在生活中，应该多给儿童提供欣赏美的环境。平时让孩子的耳朵尽可能多听些美的东西，眼睛尽可能多看些美的东西，让儿童在不知不觉的状态下感受美，体验美，进而创造美。这需要一个过程，随着欣赏水平的提高，儿童的绘画表现力也会逐步提高。此外，在儿童欣赏画的时候，教育者要考虑到儿童的年龄特点，考虑到儿童美育的原则，把那些能被儿童理解、利于培养儿童美感的优秀作品展示给儿童。

音乐是听觉艺术，是运用音响、节奏、旋律等塑造出艺术形象来影响人的情感。音乐教育可以使儿童直接感知、体验音乐的美，初步培养他们的审美能力。奥尔夫音乐教育的理念即是：“音乐是使人获得情感宣泄的手段、渠道。特别是对孩子们来说，音乐就是儿童的生活。音乐教育的主要目的是把人人都具有的原本的潜能唤醒、诱发出来。”“音乐教育对幼儿的性格、情操的培养有着潜移默化的作用，幼儿的审美情感是来自于音乐中鲜明的艺术形象、音乐形象，这是音乐艺术特有的功能。”[②]

儿童文学也能培养儿童的审美能力。儿童文学是与儿童审美感受力相契合的、供儿童审美欣赏的文学。它直接从儿童世界的现实出发，从创造主体的现代审美意识出发，向着未来公民的精神性格、审美品性、文化心理、国民素质作深广的探究与开掘，在形象的间接性、语言表现的丰富性等方面具有一般文学的共同特征，而在力求适应儿童审美欣赏心理、促进儿童的审美心理建构、参与儿童的心灵发展趋变方面，又表现出与成人的文学迥异的审美特征。[③]

艺术审美的培养过程主要是以学校教育为依托，所以艺术审美是以课堂教学为主要阵地，以课外活动和校园环境建设为辅助来培养孩子的审美经验，完善

---

①曹利华.幼儿美育[M].北京：科学普及出版社，1991.

②曹利华.幼儿美育[M].北京：科学普及出版社，1991.

③杜卫，陈鹰.儿童美育概论[M].武汉：华中科技大学出版社，1995.

孩子的审美经验积累。在学校中，老师作为儿童艺术审美经验积累的主要引导者，要对儿童进行积极的引导，以便儿童更多、更快、更好地积累审美经验。

三、升华生活审美

生活美蕴含于日常生活之中。对儿童而言，如何在日常生活中发现美是一个比较难的问题，而且如何区分日常生活经验与审美经验，对于儿童而言更是问题，因此，我们要对儿童的生活美审美经验做出积极的引导。

随着时代的发展，很多人对生活美的认识偏离了正轨，觉得现代的生活美是越贵越美，于是为了跟随潮流而盲目追求奢侈品。以贵为美，已经成为现在日常生活中审美的常态。因此，儿童在生活之中的“童心”需要得到引导。引导儿童保持“童心”，首先要注重使儿童逐渐学会对生活审美进行选择。我们每天面对的生活现象和生活事件，有真善美，也有假恶丑，儿童的知识体系不完整，心理结构不完善，所以他们对于生活之中的美丑是无法很好地进行分辨的。引导儿童保持“童心”，就不能让他们的“童心”被假恶丑所污染。比如儿童看见街头站着的小混混嘴里叼着一根烟的样子，如果没有及时得到家长或老师的引导，那么他们就可能会错误地以为那是美的。所以，引导儿童正确选择生活美是家长与教师的责任，我们必须在生活中引导儿童选择真善美，这样才有利于审美经验的积累。

比起自然审美与艺术审美，生活审美涉及的范围更加广泛，包括生活的方方面面。要感受生活美，就要让孩子全身心投入到生活中去，从多个层次引导儿童体验生活。生活是以丰富多彩的形态向儿童展开的，我们要引导孩子在生活的多样性中遨游，让他们感受到生活的酸甜苦辣，从而形成更加全面的审美心理结构，增长生活阅历，积累审美经验。引导儿童全身心地体验生活，首先要引导儿童进行劳动和吃苦体验。其次，要引导儿童进行活动和交友体验，主要是体育活动和游戏活动。无论体育活动还是游戏活动，儿童都应该处于一定的群体之中，产生交友体验。最后，要引导儿童进行成功和幸福体验。成功和幸福体验往往包含在上面几种体验之中，当它们达到完满状态时，儿童往往就会有成功和幸福的体验。这两种体验也是审美体验最直接的来源。

【小结】

游戏是儿童最基本的生活和学习方式，也是他们最基本的审美方式。

审美认知、审美情感、审美想象是学前儿童审美心理的主要组成部分，审美想象是培养儿童创造力的源泉。

学前儿童审美心理受到先天遗传因质、后天成长环境和教育的影响，遗传因质为儿童审美心理提供发展的基础，成长环境和教育影响儿童审美心理发展的方向。

儿童审美心理的培育就是让儿童学会感受自然美、体验艺术美、发现生活美，从而发展健康的审美心理。

思考与练习

1. 学前儿童审美心理有哪些特征？

2. 学前儿童的审美情感是审美心理的重要组成部分，对儿童的情绪情感发展有着重要影响，在儿童的审美情感发展时如何引导？

3. 如何利用日常生活情境提升儿童的审美心理？

真题链接

请根据下面的素材，设计大班主题活动方案，要求写出主题活动名称，主题活动总目标，2 个子活动。每个子活动包括：活动名称、活动目标、活动准备和活动的主要环节。

周一早晨户外活动，幼儿被园子里五颜六色的花吸引了，有的在指认花的颜色，红的、黄的、白的、紫的；有的在数花瓣，三瓣、五瓣、六瓣的；有的在争论花的名字，他们发现有的花朵长得一样，但是颜色不一样；有的花朵有香味，有的没有香味……户外活动结束了，幼儿还在兴奋地谈论着……

参考答案

【主题活动总目标】1. 感知常见花朵的外形特征，了解不同种类花朵的特点；2. 通过观察、探索、动手操作的方式来探究花朵的秘密；3. 学习花朵的绘画方法，能够为自己喜欢的花朵进行涂色；4. 大胆表达对花儿的喜爱，萌发热爱大自然的情感。

活动一 花儿的秘密

【活动目标】1. 知道常见花朵的名称，了解不同的花朵有不同的瓣数和香味；2. 学习观察，交流探索常见花朵的特点，在记录中发展动手操作能力；3. 萌发对大自然的探索欲望，热爱大自然。

【活动准备】物质准备：若干数量的牵牛花、桃花、迎春花、郁金香画及图片；经验准备：对常见花朵有简单的认识。

【活动过程】

（一）观察认识常见花儿，感受花儿的美丽。

1. 看看各种美丽的花，说说它们的名字。

（1）迎春花：黄色的，花朵像喇叭，是春天最早开放的花朵，向人们报告春天的到来，所以叫迎春花 。

（2）桃花：粉红色，先开花再长叶，有花蕾，有花瓣。

（3）玉兰花：白色的，先开花再长叶，花朵很大，它是上海市花。

（4）蝴蝶花：颜色很漂亮，花瓣像蝴蝶的翅膀，所以叫蝴蝶花。

2. 请幼儿交流讨论，幼儿动手操作，探索花儿的秘密。

（二）让幼儿小组展开活动，教师分别给予指导。

1. 教师将幼儿两人分为一组，给幼儿分发准备好的花朵和记录表格，向幼儿提出要求，观察每一朵花有几瓣花瓣，哪种花朵有香味，哪一种没有。

2. 幼儿合作观察花朵，记录观察结果，教师巡回指导。

3. 幼儿分享观察结果，教师总结。

（三）教师和幼儿玩“花儿找家”游戏。请幼儿帮助每一种花儿找到自己的家。

【活动延伸】将幼儿带到美工区，尝试制作花朵的标本。

活动二 我的花朵很漂亮

【活动目标】1. 了解自己喜欢的花朵的外形特点，知道调色的简单方法；2. 能够动手画出自己喜欢的花朵，并完整地调色和涂色；3. 体验参与绘画活动的乐趣，萌发对自然的喜爱之情。

【活动准备】物质准备：足够数量的绘画纸张、水彩、调色板；经验准备：认识生活中常见的花。

【活动过程】

（一）教师带领幼儿学习《美丽的花》手指谣，引出本次绘画主题——最爱的花。

（二）教师提出绘画的主题——我最喜爱的花朵，鼓励幼儿大胆表达。

1. 教师通过提问启发幼儿，让幼儿大胆说出自己喜欢的花朵。

2. 请幼儿说出自己喜欢的花朵的外形特点及颜色。

（三）教师发放绘画材料，幼儿动手作画。

1. 教师教给幼儿简单的调色方法以及水彩的使用方法，并告诉幼儿使用绘画材料的注意事项。

2. 幼儿自己作画并调色，教师巡回指导。

（四）幼儿展示作品，教师评价。幼儿展示自己的绘画作品，教师鼓励幼儿在集体面前表达自己的绘画想法，并对幼儿的表现做出积极的评价。

【活动延伸】将幼儿带到主题墙的展示区，帮助幼儿把自己的画装饰在主题墙上。

第3章
学前儿童艺术教育的目标与评价

综合性艺术活动课程目标的设定，应将学会用艺术的形式表现生活、增强对生活的热爱这个理念贯穿课程的始终，帮助学生掌握科学的儿童观、艺术观及儿童艺术观，了解学前儿童艺术教育基本概念、涵盖领域及内容；明晰学前儿童艺术教育的基本教学法及教学原则。

学前儿童艺术教育评价是针对学前儿童艺术教育的特点和各个组成要素，通过收集和分析儿童艺术教育活动各方面的信息，科学地检测和判断艺术教育价值和效果的过程，也是对艺术教育目标、活动方案、教育内容、材料、效果以及教学活动过程的实际运行状况等进行判断和评定。

【学习目标】

1. 了解《纲要》和《指南》中对艺术教育目标的要求。

2. 了解学前儿童艺术教育评价的原则、目的、内容和标准，了解学前儿童艺术教育评价的基本方法。引导学生在分析和理解的基础上，学习设计具体的学前儿童艺术教育评价方案。

【学习重难点】

1. 重点掌握学前儿童艺术教育三维目标的内容设定。

2. 重点学习和掌握学前儿童艺术教育评价的内容、标准及方法，并在实践过程中灵活应用。

【本章知识结构图】

- 学前儿童艺术教育的目标与评价
  - 学前儿童艺术教育目标的结构
    - 学前儿童综合艺术教育与目标设定
    - 突出“艺术”与“人文”的艺术教育目标
    - 学前儿童艺术教育的三维目标
  - 学前儿童艺术教育目标的内容
    - 《纲要》的艺术教育目标
    - 《指南》的艺术领域目标
    - 艺术教育与活动目标的设计原则
  - 学前儿童艺术教育评价的目的、原则、内容与标准
    - 评价目的
    - 评价原则
    - 评价内容
    - 评价标准
  - 学前儿童艺术教育评价的方法
    - 观察评价
    - 激励性评语
    - 问卷评价
    - 测试法评价
  - 学前儿童艺术教育评价的实施
    - 案例一
    - 案例二
    - 案例三

第一节
学前儿童艺术教育目标的结构

随着教育改革的不断深入,作为幼儿全面发展教育重要组成部分的艺术教育,在促进幼儿全面发展中起着重要的作用。传统的艺术教育方法,更多的是将艺术教育分成音乐、舞蹈、美术、戏剧(含语言)等几个领域,各领域有独立的教学目标和内容。教学的过程中,几乎不涉及与其他艺术学科的内在联系,并把艺术教育逐渐等同于技能教育,成为专业化的训练活动,束缚了学前儿童对情感的体验,以及对艺术的自由感悟、表现和创造的能力。

一、学前儿童艺术教育的目标设定

(一)综合艺术教育的重要意义

学前儿童艺术教育的作用,体现在激发学前儿童参加艺术活动的兴趣,利用艺术教育愉快的学习过程,培养健全的人格、丰富的情感、想象力、创造力以及同其他领域(健康、社会、科学、语言)的相互沟通与融合。因此,幼儿园的艺术教育活动,应发挥整体优化效应,以综合艺术教育活动为主。

(二)综合艺术教育的特点

综合艺术教育在目标上更关注幼儿整体人格的发展,强调幼儿艺术学习的兴趣,艺术的感知体验、表现创作、交流合作等基本能力和人文素养(即尊重、关怀、友善、分享、合作等)的整合发展。

综合艺术教育在内容、手段上更丰富多彩,提倡为幼儿提供与其生活环境、情感、文化、科学密切相关的人文主题和不同艺术表现形式的作品、信息、活动等,调动幼儿各种感官的参与,丰富幼儿的艺术体验,发挥综合艺术的教育效果,提高幼儿的学习水平。

综合艺术教育在方式、方法上更注意幼儿的年龄特点，提倡体验式、探究式、情境式、生成式、互动式等教学方法，发扬科学而有效的接受式、引导式、指导式等传统教学方法，运用丰富、有趣的艺术游戏方法，让幼儿快乐、自主地学习。

综合艺术教育在评价上更关注每个幼儿的学习过程。在艺术学习过程中，强调幼儿学习的兴趣与态度、艺术能力和人文素养在原有基础上的提高，尊重师生的个性差异和程度差异，充分发挥评价的激励作用。

综合的艺术活动变传统的“四重”为“四强”，即由重知识体系、重技能传递、重标准一致、重教师权威，变为强调艺术教育在一日生活中的渗透、强调艺术活动中幼儿独特的体验、强调课程建设中的融通整合、强调教育过程中的师生互动。

（三）综合艺术教育的目标

作为一门独立的综合性学科，艺术教育不属于任何一门具体的、分领域的艺术学科，同时也离不开任何一门具体的分领域的艺术学科。在教学目标的制定、教学内容的选择上，与各领域艺术学科互为依托，互相促进。因此，制定学前儿童艺术教育的总目标，要在遵循《幼儿园教育指导纲要（试行）》（以下简称《纲要》）和《3—6岁儿童学习与发展指南》（以下简称《指南》）的同时，更侧重所有艺术学科都具备的共性部分。因此，学前儿童艺术教育的总目标为“引导并激发儿童体验复数艺术，培养比仅仅接受分领域艺术教育具有更广泛的艺术理解力与表现力的全面发展的儿童”。

二、学前儿童艺术教育的目标特点

教育目标是在教学活动中预期获得的某种效果，是开展一切教学活动的出发点和归宿，精准的教学目标是教学活动设计、安排、组织与开展的依据。艺术教育目标的核心是提高审美能力和唤醒人性，这样的目标如何实现呢？

首先，艺术作为人类纯正思想和审美追求的形象体现，具有普遍的教育意义，艺术教育是美育的重要组成部分。美育是以美育人，以情感人，它的目的是通过情感教育，使学生在审美享受之中产生情感的共鸣，在审美愉悦中得到情感的净化、心灵的陶冶和精神的升华，使学生审美心理结构趋于完善，人格趋于完美，个体得到和谐发展。要使人的生活变得更加美好，加强艺术教育具有非常重要的意义。人们通过艺术美的欣赏，可以培养健康的审美观念，可以荡涤心胸，可以促进人文精神健康发展。

其次，人文素养是一个人的内在素质与修养。发展人文素养的核心就是学会做人，做一个有道德、有智慧、有修养的人。而艺术能力是人对艺术的感悟、表现和创造的能力，艺术能力的发展可以有效地促进个体思维的发展，一个有艺术修养的人，不仅可以感受生活中的美，还会拥有乐观、开朗的个性。

因此，在目标的制订上，综合艺术教育把以往以知识技能的传授为主变为注重人文素养与艺术能力的整合发展。艺术教育的目标应体现人文与艺术的双重特性，具体表现为教育目标突出人文与艺术的统一，课程结构体现出综合与均衡。艺术教育的最终结果要求人们树立正确的人生观、价值观、世界观，做有理想、有道德、有文化、有纪律的人。艺术教育的过程是让优秀的文化艺术带领人们的思想情感走向高尚领域的过程，通过文化艺术和情感教育来实现人格完善、精神高尚，最终构筑起符合时代发展需要的人文精神。新时期艺术教育的目标不仅要培养有着丰富科学知识的知识型人才，培养具有创新精神和实践能力的复合型高素质人才，更要培养具有较高人文精神的人才。只有具有人文精神的人才，才能对社会和人类产生积极的感情，对艺术和自然美进行客观的评价，对其他专业和领域也产生浓厚的兴趣，使自己的感情不断丰富，使自己的思想和境界不断走向完美。

三、学前儿童艺术教育的三维目标

教学三维目标中的“三维”指的是三个维度，过去的“三维”指的是认知学习、能力发展、情感态度，即认知目标、能力目标、情感目标。2001年课改以后，三维目标重新确定为：知识与技能、过程与方法、情感态度与价值观。

1. 正确理解三维目标的内涵

三维目标是新课程的独创，是新课程推进素质教育的根本体现，它使素质教育在课堂教学中的落实有了重要的抓手和坚实的操作基础。可以说，知识与技能维度的目标立足于让学生学会，过程与方法维度的目标立足于让学生会学，情感态度与价值观维度的目标立足于让学生乐学，任何割裂知识与技能、过程与方法、情感态度与价值观三维目标的教学都不能促进学生的健全发展。

三维目标不是三个目标，是一个问题的三个方面。知识与技能是基础，过程与方法是桥梁，情感态度与价值观是升华。

2. 三维目标的解析

首先，知识与技能（一维）。

所谓知识目标，这里主要指学生要学习的学科知识（教材中的间接知识）、意会知识（生活经验和社会经验等）、信息知识（通过多种信息渠道获得的知识）。

知识目标的表达举例：

手工活动：秋天的果实

教学目标和依据：

（1）学习沿着轮廓线撕出各种秋天的水果，再粘贴到果园背景图上。

（2）让幼儿感受秋天水果丰收的喜悦。

（3）培养幼儿的撕纸、粘贴能力。

重点和难点：

重点是幼儿学习沿着轮廓线撕出各种水果，再粘贴到果园背景图上。培养幼儿的撕纸、粘贴能力也是此次活动的难点。新《纲要》指出：教师应成为幼儿活动的支持者、合作者、引导者。因此，本次活动采用讨论法、观察法、操作法等，这些方法的应用，克服了教师传统的说教形式，充分尊重幼儿，调动了幼儿的学习积极性。

所谓技能，是指通过练习而形成的完成某种任务所必需的活动方式。技能目标可为分四种：

一是基本技能，如读、写、算的技能；

二是智力技能，如感知、记忆、想象和思维、推理等技能；

三是动作技能，如绘画、做操、打球等；

四是自我认知技能。

技能目标的表达举例：

歌唱活动：大灰熊

活动目标：

（1）理解《大灰熊》故事中用身体动作表现轻重的理由，并能合着音乐用身体动作表现轻重。

（2）了解前奏、间奏部分等待，而歌唱部分进行身体动作表演的这种音乐段落结构。

(3)体验戏剧性表演的愉悦,并学习戏剧性表演的情绪克制。

活动过程:

(1)"看图说话+身体动作"的还原活动:呈现四张图片,请幼儿说说,每张图片里都发生了什么事。教师总结幼儿所描述的故事。

(2)在教师指挥下,幼儿配合音乐进行身体动作表演:教师清唱歌曲《大灰熊》,请幼儿跟着歌声表演;放《大灰熊》伴奏带,请幼儿跟着音乐表演。

(3)请幼儿边哼唱边合音乐表演。

其次是过程与方法(二维)。

过去的教学重结论轻过程,现在要求学生不仅要知道简单的结论,还要知道过程。过去重教法,现在重学法。

三维目标中的过程,其本质是以学生认知为基础的知、情、意、行的培养和发展过程,是以智育为基础的德、智、体全面培养和发展的过程,是学生的兴趣、能力、性格、气质等个性品质全面培养和发展的过程。

三维目标中的方法,是指学生在学习过程中采用并学会的方法。方法目标的表达如:通过学习,采用并学会自主学习的方法(问题探究的方法,或问题的观察方法,或思维发散的方法,或合作交流的方法,或解决问题的方法等)。

最后是情感态度与价值观(三维)。

所谓情感,是指人的社会性需要是否得到满足时所产生的态度体验。人的情感表现有以下几种:

一是表现为情绪。情绪是一种较低级的简单的情感,如愉快、激动、紧张等。情绪目标的表达如:通过学习,产生愉快的感觉。

二是表现为热情。一个人有政治热情,他就对祖国、民族、人民产生深厚的爱,并转化为力量和行动。一个人有学习热情,他就能潜心钻研,做出成绩。

目标表达举例:

国旗多美丽

活动设计:开展的主题是"我是中国人",在活动"五星红旗升起来"中,孩子们在看看、讲讲、说说的过程中,对国旗有了新的认识。当看到国旗在世界各地升起来的时候,眼神中不自觉地流露出骄傲、自豪之情。音乐活动"国旗多美丽"让孩子用另一种方式——歌唱来表达对国旗的热爱。

活动目标:在理解歌词内容的基础上,有感情地演唱歌曲;体验歌唱时庄严、自豪的情感。

活动过程：完整欣赏；分段欣赏，理解歌词；学唱歌曲；观看升旗仪式。

提问：孩子们，你们见过朝霞吗？（早上初升的太阳把身边的云彩照得小脸蛋儿通红通红的，那时候的它有个美丽的名字叫朝霞）

小结：每天的第一缕阳光会把天边的云彩染红，每天的第一缕阳光出现时也是国旗升起的时候，所以说天天升在朝霞里。“国旗国旗多美丽，天天升在朝霞里，小朋友们爱祖国，向着国旗敬礼敬个礼。”

三是表现为兴趣。兴趣具有强烈的吸引性和鲜明的情感反映。目标表达举例：通过学习，激发起探究自然科学的兴趣。

四是表现为动机。动机是情感冲动而出现的念头，它可以成为行动的驱动力。目标表达举例：通过学习，激发起学习的动机，为完成学习任务而产生动力。

五是表现为求知欲。它是在智力探究活动中，需要和愿望得到满足而产生的情感体验。目标表达举例：通过学习，满足学习的需要，从而产生求知的欲望。

六是表现为道德体验，如敬佩、赞扬、羡慕等。目标表达举例：通过学习，能对××人物感到敬佩。

七是表现为美的体验，即对自然、艺术、社会行为美的情感体验。目标表达举例：通过学习，学会欣赏大自然的美。

所谓态度，这里不仅指学习态度和对学习的责任，还包括乐观的生活态度、求实的科学态度、宽容的人生态度等。

3. 三维目标的设计步骤

（1）知识技能：分析教材内容，抓住内容本质，根据《纲要》对活动的标准要求，选择知识技能的学习水平，确定结果性目标层次结构。（知识水平——了解、理解、应用；技能水平——模仿、独立操作、迁移。）

如：中班的韵律活动《头发、肩膀、膝盖、脚》内容的重点是什么？怎样写知识技能的目标？（跟随音乐，边唱歌边拍身体的各部位。）

（2）过程与方法：分析知识发生、形成的过程，研究并设计幼儿获取知识的过程与方法。

如：用什么方法让幼儿学习跟随音乐、边唱歌边拍身体的部位？（根据歌词的变化，在前奏速度的提示下，准确地做出相应的动作。）

（3）情感态度与价值观：分析并挖掘教育内容的价值，确定以情感态度价值观为主题的体验性目标层次结构。（与同伴结伴做律动，互拍身体各个部位时，应注意控制力度）

歌唱活动：大巨人和小矮人

目标1　通过音乐活动促进幼儿大肌动作的伸展。

目标2　激发幼儿的想象力。

目标3　让幼儿体验欢乐的音乐学习经验。

分析：这三条目标的主语都是教师，第一条提出了发展方向，但似乎更像体能的要求；第二条过于抽象，用何种方法进行教学不得而知；第三条虽然提出了情感体验，但是范围太大，犹如“万金油”。

修改：

目标一　知识与技能：初步熟悉歌曲《大巨人和小矮人》，感受大和小的形象差异。

目标二　学习方法：通过图谱理解歌词内容，逐步学习演唱歌曲。

目标三　情感态度与价值观：在看图表演唱的过程中喜欢上音乐活动。

美术活动目标的三个维度

知识与技能：了解基本美术语言的表达方式和方法，表达自己的情感和思想，美化环境与生活，学习美术欣赏评述的方法，了解美术的基本要素。

过程与方法：幼儿能以个人或集体合作的方式参与各种美术活动，尝试各种工具、材料和制作过程，丰富视觉、触觉和审美经验，发展美术实践能力。

情感态度与价值观：幼儿能体验美术活动的乐趣，获得对美术学习的持久兴趣，激发创造精神，陶冶高尚的审美情操，完善人格。

大班美术活动：小小运动员

目标1　尝试运用制作报纸小人的经验，制作出各种运动造型的人物形象。

（知识技能——能达成何种目标）

目标2　通过观察图片，了解各种运动姿势，自主探索不同的运动员造型的表现、设计方法。

（过程方法——怎么做）

目标3　能主动、愉快地参与创作过程，喜欢运用报纸进行创作的表现形式。

（情感态度——给幼儿带来了什么）

第二节 学前儿童艺术教育目标的内容

教育目标是我们开展一切教育活动的出发点和归宿，是预期获得的某种效果。有了教育目标，活动设计与安排、组织与开展就有了依据；有了教育目标，教育活动的内容选择、方法运用、效果评价也有了原则和范围。学前儿童艺术教育目标的内容，应紧密结合《纲要》和《指南》。

一、目标设定与幼儿园教育

1. 艺术教育的价值取向

2001 年颁布的《纲要》在幼儿园艺术教育方面有了一些新的提法，体现了新的价值取向和理念。

（1）注重幼儿对美的感受和体验，体现以审美为核心的价值取向。

《纲要》在幼儿艺术教育的目标中明确规定："能初步感受并喜爱环境、生活和艺术中的美；喜欢参加艺术活动，并能大胆地表现自己的情感和体验；能用自己喜欢的方式进行艺术表现活动。"《纲要》强调幼儿对美的感受和体验，淡化了技能、知识的传授。

幼儿的身心发展特点决定了在艺术活动中教师要引导幼儿用感官去感受生活中的美，去看、去听、去摸一摸，激发幼儿感受美、表现美的情趣，丰富他们的审美经验。例如在音乐教学活动中，教师可以带领幼儿到户外寻找春姑娘的脚步，看一看春意盎然的大自然，听一听流水的声音，闻一闻花瓣的香味，让幼儿感受到春天的美丽，同时引导幼儿用自己喜欢的方式去表达。

体现以审美为核心的价值取向，还要注重动态的教学过程，改变过去单一的结果评价方式，重视幼儿在活动的过程中体验到了什么，感受到了什么。《纲要》中明确规定："要避免仅仅重视表现技能或艺术活动的结果，而忽视幼儿在活动过程中的情感体验和态度的倾向。"例如在美术活动中，不要简单地用"画得像不像"来评价幼儿，要注重在活动过程中幼儿情感的宣泄和体验，真正做到以儿童为本位，体现以儿童为本的特征，强调开放、过程、探索、创造，着眼于幼儿在教育过程中所积累的亲身体验。

体现以审美为核心的价值取向并不是不要技能技巧，而一味地让幼儿去体验。《纲要》中规定："在支持、鼓励幼儿积极参加各种艺术活动并大胆表现的同时，帮助他们提高表现的技能和能力"；"在此基础上，根据幼儿的发展状况和需要，对表现方式和技能技巧给予适时、适当的指导。"体验和感受是表现和创造的灵魂，没有体验和感受的表现和创造是没有灵性、没有灵魂的；知识和技能是表现和创造的工具与手段，没有一定的知识技能，美的表达则成为无源之水、无本之木。二者相互交融、相互渗透，构成艺术的不同层面，缺失任何一方面都无法构成艺术的整体。所以，教师的教育观念要从学习知识技能向运用知识技能转变，让知识技能成为表现美的载体。正如瑞吉欧所倡导的"儿童有一百种语言"，绘画和音乐都只是儿童的一种语言，幼儿掌握技能技巧只是为了更好地表达自己对美的感受，提高审美的情趣。

(2)鼓励幼儿富有个性化的表达和创造。

创新是一个民族的灵魂，在艺术教育活动中要避免仅仅让幼儿简单地模仿，在实践中要为幼儿提供自由表达的机会，鼓励他们富有个性地表现，肯定幼儿的创作过程，支持他们哪怕是一点点的独特感受。《纲要》指出，教师要为幼儿"提供自由表现的机会，鼓励幼儿用不同艺术形式大胆地表达自己的情感、理解和想象，尊重每个幼儿的想法和创造，肯定和接纳他们独特的审美感受和表现方式，分享他们创造的快乐"。艺术的广泛性、多样性为幼儿提供了一个自由的空间。每一个孩子都有自己独特的喜好和艺术潜能，只要教师能够充分尊重和理解幼儿的感受和想法，肯定和接纳他们独特的审美感受和情趣，创造宽松的活动环境，保护和挖掘他们的创造潜能，那么幼儿的艺术活动一定会成为充满乐趣和艺术感受、富有个性和成效的创造活动。

《纲要》指出："在艺术活动中面向全体幼儿，要针对他们的不同特点和需要，让每个幼儿都得到美的熏陶和培养。对有艺术天赋的幼儿要注意发展他们的艺术潜能。”《纲要》所体现的个性化的艺术教育理念，强调给予每个幼儿平等的艺术教育机会，关注和尊重每个幼儿的独特个性及生活经验，相信并承认每个幼儿具有各不相同的艺术潜能，鼓励幼儿运用自己喜爱的独特的方式进行艺术活动，使自身个性化的审美情趣、艺术潜质在活动中得到发展，形成个性化的审美情趣，发展自己独特的艺术能力。

作为基础教育重要组成部分的幼儿园教育，承担着为每个幼儿的一生发展奠定良好基础的任务，所以必须给予每个孩子平等的艺术教育机会，发展他们的艺术潜能，使他们从小喜爱艺术，具有用绚丽的画笔、美妙的声音、优美的动作为生活增添色彩的艺术能力。

(3)倡导学科综合，体现综合性取向。

幼儿以整体、形象、直觉的方式把握世界。幼儿的身心发展特点决定了在幼儿园教育中不宜过早地实施分科的艺术教育，应着重培养他们对艺术的兴趣，对艺术的整体感受和理解能力。我国基础教育课程改革的一个重要目标就是改变过去强调学科本位、科目过多的课程结构状况，提倡学科的综合。传统的艺术分科教学虽然有利于学科体系的不断完善，并通过学校教育将知识技能传授给下一代，但它容易造成儿童视野和思维的封闭和孤立。

就艺术学科而言，各学科之间有着天然的联系。所有艺术都是触类旁通的，因为所有艺术都表现了相同的人类本性，它们之间表面上的差别并不是主要的。人体各种感官的相互沟通和共鸣的心理现象，称为通感。在艺术活动中，通感发挥得淋漓尽致。在各种学科的综合下，艺术表现出了独特的魅力，满足了人类各种感官美的享受 。

(4)倡导艺术教育与生活紧密联系。

《纲要》提出：“指导幼儿利用身边的物品或废旧材料制作玩具、手工艺品等来美化自己的生活或开展其他活动。”这既符合当代教育改革的趋向，又体现了艺术与生活密不可分的关系。艺术来源于生活，生活是艺术的源泉，艺术中的许多要素在生活中都可以找到原型，艺术正是用它特有的感性、直观方式去表现生活、发现生活的意义。另外，艺术除了能够表现生活以外，还能够美化生活。在艺术教育中，一方面要引导幼儿从生活中寻找艺术的灵感，另一方面，要让幼儿学会用艺术的美来装点生活，使生活变得更加丰富多彩。

2.《纲要》中体现的艺术教育目标

(1)能初步感受并喜爱环境、生活和艺术中的美;

(2)喜欢参加艺术活动,并能大胆地表现自己的情感和体验;

(3)能用自己喜欢的方式进行艺术表现活动。

3. 内容与要求

(1)引导幼儿接触周围环境和生活中美好的人、事、物,丰富他们的感性经验和审美情趣,激发他们表现美、创造美的情趣。

(2)在艺术活动中面向全体幼儿,要针对他们的不同特点和需要,让每个幼儿都得到美的熏陶和培养。对有艺术天赋的幼儿要注意发展他们的艺术潜能。

(3)提供自由表现的机会,鼓励幼儿用不同艺术形式大胆地表达自己的情感、理解和想象,尊重每个幼儿的想法和创造,肯定和接纳他们独特的审美感受和表现方式,分享他们创造的快乐。

(4)在支持、鼓励幼儿积极参加各种艺术活动并大胆表现的同时,帮助他们提高表现的技能和能力。

(5)指导幼儿利用身边的物品或废旧材料制作玩具、手工艺品等来美化自己的生活或开展其他活动。

(6)为幼儿创设展示自己作品的条件,引导幼儿相互交流、相互欣赏、共同提高。

4. 指导要点

(1)艺术是实施美育的主要途径,应充分发挥艺术的情感教育功能,促进幼儿健全人格的形成。要避免仅仅重视表现技能或艺术活动的结果,而忽视幼儿在活动过程中的情感体验和态度的倾向。

(2)幼儿的创作过程和作品是他们表达自己的认识和情感的重要方式,应支持幼儿富有个性和创造性的表达,克服过分强调技能技巧和标准化要求的偏向。

(3)幼儿艺术活动的能力是在大胆表现的过程中逐渐发展起来的,教师的作用应主要在于激发幼儿感受美、表现美的情趣,丰富他们的审美经验,使之体验自由表达和创造的快乐。在此基础上,根据幼儿的发展状况和需要,对表现方式和技能技巧给予适时、适当的指导。

二、目标设定与儿童发展

1. 感受与欣赏

艺术是人类感受美、表现美和创造美的重要形式，也是表达自己对周围世界的认识和情绪态度的特有方式。

每个幼儿的心里都有一颗美的种子。幼儿艺术领域的学习关键在于充分创造条件和机会，在大自然和社会文化生活中激发幼儿对美的感受和体验，丰富其想象力和创造力，引导幼儿学会用心灵去感受和发现美，用自己的方式去表现和创造美。

幼儿对事物的感受和理解不同于成人，他们表达自己认识和情感的方式也有别于成人。幼儿稚嫩的笔触、动作和语言往往蕴含着丰富的想象和情感，成人应对幼儿独特的艺术表现给予充分的理解和尊重，不能用自己的审美标准去评判幼儿，更不能为追求结果的“完美”而对幼儿进行千篇一律的训练，以免扼杀其想象与创造的萌芽。

目标1　喜欢自然界与生活中美的事物

3—4岁：

(1)喜欢观看花草树木、日月星空等大自然中美的事物；

(2)容易被自然界中的鸟鸣、风声、雨声等好听的声音所吸引。

4—5岁：

(1)在欣赏自然界和生活环境中美的事物时，关注其色彩、形态等特征；

(2)喜欢倾听各种好听的声音，感知声音的高低、长短、强弱等变化。

5—6岁：

(1)乐于收集美的物品或向别人介绍所发现的美的事物；

(2)喜欢模仿自然界和生活环境中有特点的声音，并产生相应的联想。

【教育建议】

(1)和幼儿一起感受、发现和欣赏自然环境和人文景观中美的事物。

(2)和幼儿一起发现美的事物的特征，感受和欣赏美。

目标2　喜欢欣赏多种多样的艺术形式和作品

3—4岁：

(1)喜欢听音乐或观看舞蹈、戏剧等表演；

(2)喜欢观看绘画、泥塑或其他艺术形式的作品。

4—5岁：
(1)能够专心地观看自己喜欢的文艺演出或艺术品,有模仿和参与的愿望；
(2)欣赏艺术作品时会产生相应的联想和情绪反应。
5—6岁：
(1)艺术欣赏时常常用表情、动作、语言等方式表达自己的理解；
(2)愿意和别人分享、交流自己喜爱的艺术作品和美感体验。
【教育建议】
(1)创造条件让幼儿接触多种艺术形式和作品；
(2)尊重幼儿的兴趣和独特感受,理解他们欣赏时的行为。

2. 表现与创造

目标1 喜欢进行艺术活动并大胆表现

3—4岁：
(1)经常自哼自唱,喜欢模仿有趣的动作、表情和声调；
(2)经常涂涂画画、粘粘贴贴并乐在其中。
4—5岁：
(1)经常唱唱跳跳,喜欢参加歌唱、律动、舞蹈、表演等活动；
(2)喜欢用绘画、捏泥、手工制作等方式表现自己的所见所想。
5—6岁：
(1)积极参与艺术活动,有自己比较喜欢的活动形式；
(2)能用多种工具、材料或不同的表现手法表达自己的感受和想象；
(3)艺术活动中能与别人相互配合,也能独立表现。
【教育建议】
(1)创造机会和条件,支持幼儿自发的艺术表现和创造；
(2)营造安全的心理氛围,让幼儿敢于并乐于表达、表现。

目标2 具有初步的艺术表现与创造能力

3—4岁：
(1)能模仿学唱短小歌曲；
(2)能跟随熟悉的音乐做身体动作；
(3)能用声音、动作、姿态模拟自然界的事物和生活情景；
(4)能用简单的线条和色彩大体画出自己想画的人或事物。

4—5岁：

(1)能用自然的、音量适中的声音基本准确地唱歌；

(2)能通过即兴哼唱、即兴表演或给熟悉的歌曲编词来表达自己的心情；

(3)能用拍手、踏脚等身体动作或可敲击的物品敲打节拍和基本节奏；

(4)能运用绘画、手工制作等表现自己观察到或想象的事物。

5—6岁：

(1)能用基本准确的节奏和音调唱歌；

(2)能用律动或简单的舞蹈动作表现自己的情绪或自然界的情景；

(3)能自编自演故事，并为表演制作简单的服饰、道具或布景；

(4)能用自己制作的美术作品布置环境、美化生活。

【教育建议】

尊重幼儿自发的表现和创造，并给予适当的指导。

三、目标设定与设计原则

《纲要》中指出：艺术是幼儿的另一种表达认识和情感的“语言”。幼儿艺术教育应引导幼儿接触生活中的各种美好事物与现象，丰富幼儿的感性经验和情感体验。艺术活动是一种情感和创造性活动。幼儿在艺术活动过程中应有愉悦感和个性化的表现。教师要理解并积极鼓励幼儿与众不同的表现方式，注意不要把艺术教育变成机械的技能训练。艺术活动的最终目标是丰富幼儿的情感，培养初步的感受美、表现美的情趣和能力。

1. 活动目标来源于生活

“问渠那得清如许？为有源头活水来！”生活是一切艺术灵感的来原。例如，我们在设计艺术主题活动“丰收乐”时，就从生活中寻找并制定了目标：(1)恰当地运用各种颜色表现丰收的景象；用自然的声音歌唱秋天的美好，大胆创编；(2)与朋友一起欢乐地舞蹈，体验丰收带来的喜悦。

2. 活动目标应具体化，可操作

空泛的目标缺乏操作性，艺术教育目标的制定应具体化，有可操作性。如：在舞蹈活动《苹果丰收》第一课时，原来的目标为：(1)乐意用动作随乐曲活泼、欢快的旋律表现人们在果园里愉快地采摘苹果的情景；(2)体验人们丰收时的喜悦心情。讨论后我们发现，活动的重难点没有显现出来，范围很大，操作性不强，在大家一致认同后，我们将目标修改为：(1)感受乐曲的旋律，熟悉相应的图谱，大胆地用语言、表情、动作来表现音乐；(2)用小跑步表现摘苹果时的急切心情，模仿摘苹果的动作，体验苹果丰收的喜悦。修改过后的目标更加详细地明确了活动的重难点，将目标清晰地写出来，可以为教师设计活动的环节、组织活动过程、把握生成的问题等提供一个明确的方向。如果目标表述含糊笼统，落脚点不明确，教师在设计和组织活动时往往会出现环节上缺乏递进性，师幼互动中的提问显得随意、漫无目的，对生成的问题常常无法准确判断和回应。因此，教师在制定教学活动的目标时，必须在分析幼儿经验和活动价值的基础上，明确本次活动要实现的目标，并用准确的语言加以表述。唯有这样，针对幼儿设计的活动才更具操作性。

3. 活动目标应具有层次性、持续性

制定活动目标时，要针对不同年段、不同年级学生制定出符合学生实际的、具体的、可操作的、不同程度的目标，使活动目标具有层次性、持续性。如：《秋天多么美》中，原来的目标定位是：(1)引导幼儿在音乐活动中享受到愉悦的情感体验，激发幼儿热爱大自然的美好情感；(2)发展幼儿的音乐记忆力、表现力；(3)在理解歌曲的基础上，初步有感情地演唱歌曲第一段，巩固附点音符的演唱。修改过后的目标为：(1)欣赏歌曲，理解歌曲中的拟人化词语，感受歌曲所描绘的丰收景象；(2)初步学唱歌曲，并能随着音乐做动作，体验歌曲轻松、欢快的旋律特点。不难发现，在原来的目标定位中，教师过分强调了对艺术活动技能的发展，而难以把握住目标的层次性、持续性；修改过后的目标则充分体现了活动的层次性，从易到难，逐步深入。“理解歌曲中的拟人化词语”其实是在幼儿“欣赏歌曲”之上的一个层次目标，“体验歌曲”其实是“初步学唱歌曲”的下一个次级目标。两个目标具体、针对性强。

如果说制定目标仅仅是活动的开始，那么学会评价目标则有助于进一步完善活动，如教师可以从目标陈述中看其是否符合课改理念；从环节设计与目标是否匹配看其适切性；从教学活动现场幼儿的反应看目标的挑战性，等等。制定目标后，教师还需对目标不断进行反思，使其尽可能更加合理、更加完善。总之，艺术主题活动目标的设计直接影响到活动的效果，影响到幼儿的发展，影响到活动课程的实施，我们必须予以高度重视，应设计科学有效的活动目标，并采取合理的表述，以充分发挥活动目标的功能，提高活动的质量。

第三节 学前儿童艺术教育评价的内容

艺术教育评价是幼儿园教育工作的重要组成部分，是了解艺术教育的适宜性、有效性，调整和改进工作，促进每一个幼儿发展，提高艺术教育质量的必要手段。它是一种整体的评价，不仅包括对儿童艺术学习结果和儿童发展状况的测量和评价，还包括对艺术教育本身价值以及艺术教育活动中教师的观念态度、活动的组织形式、教育目标的适宜程度、师幼互动的质量等的评估。

一、评价目的

1. 促进全面发展

把儿童发展当作一切教育教学活动的出发点和归宿，以儿童发展为本的思想已成为教育界的共识。作为教育活动重要组成部分的教育评价，也必须服从和服务于促进儿童的发展这一核心。幼儿园艺术教学活动中对幼儿的评价应该在促进幼儿艺术学习、养成幼儿健康人格等方面发挥作用，促进幼儿艺术学习及各方面发展应该成为幼儿园艺术教学活动中对幼儿进行评价的主要目的。

2. 培养完善人格

艺术教育不仅要为社会培养合格的公民和人才，更要使每一个学生成为有能力追求幸福生活的个体。艺术教育追求的全人教育，其宗旨就是以人为本，促进人的自我实现。自我实现的人是一个完整的人，他不仅在身心方面达到了和谐发展，而且在认知如理智、知识、理解等方面与情意如情绪、感情、态度、价值等方面也达到了和谐统一。艺术教育在教育内容的选择上强调认知与情感协调发展,把认知学习与情意、情感培养相统合,心智发展与情绪发展相结合,从而促进整体人格的和谐发展。

3. 扩展艺术学习

儿童在幼儿园艺术教学活动中会获得基本的艺术知识和技能技巧。通过艺术教育活动对幼儿艺术知识和技能进行恰当的评价,对幼儿在艺术教学活动中表现出的能力进行评价,对幼儿创造力的评价,等等,有利于开发和提升儿童的感性素质,使他们通过自我表现、自由尝试和自主创造,发展直觉能力、体验能力和想象能力。这是实现幼儿全面发展的需要,是知识经济时代的需要,也是提高综合国力的需要。

二、评价原则

1. 评价主体多元化

根据不同的标准,艺术课堂评价指标要呈现多元化态势。过去更多地强调共性与一般趋势,忽视了个体差异性和独特性,在评价内容上过多地倚重教科书上的知识。教师往往强化教材上知识点的理解与记忆,突出的是量化评析,忽视情感表达、审美能力、艺术创造等内容"内化"状况的判断。新一轮课程改革后,艺术教学评价强调在综合评价的基础上,更关注个体进步和多方面的发展潜能,从量化评价方法逐步转向注重质的分析与把握,实现了评价指标多元化和评价方法多样化。

2. 利于完善课程

课程评价的目标在于调整与改进艺术课程,不断提高教育质量。因此,课程评价要着重发挥其诊断、完善课程的作用,不宜把评价仅仅作为对教师工作或幼儿发展水平的鉴定手段。否则,就会使评价者产生消极抵触情绪和应付行为,产生不良效果。如某幼儿园每到期末,园领导就会组织人员到各班随机抽查几个幼儿,考查该学期幼儿学过的故事、歌曲、拍皮球、舞蹈等是否掌握,以检测老师的工作效果,这样做的结果对课程的改进并无好处。

3. 重过程轻结果

以往的艺术教育评价注重目标取向,着重于判断教学结果是否达到预定目标。为利于评价,多以具体的、可把握的行为目标来表达,追求评价结果的准确性、客观性,常采用科学化的定量方法。这种方法尽管操作方便,却忽视了教学过程和学生丰富的内在变化,使评价主体与客体相对立。而注重艺术教学过程取向的评价强调把教师和学生在课程开发、实施及教学运行过程中的全部情况都纳入评价范围,强调评价者与具体评价情境的交互作用,主张凡是具有教育价值的结果,无论其是否与预定目标相符合,都应受到评价的支持与肯定。

三、评价内容

1. 艺术教育活动目标

活动目标是由教师按照一定的教育要求和儿童自身发展的需要制定的一种对活动结果的期望。活动目标的评价主要衡量四个方面:年龄的适宜性、目标的可落实性、目标的和谐性以及目标的达成。年龄的适宜性,是指活动所确定的目标与特定年龄班级的幼儿发展特点是否一致。目标的可落实性,是指活动的目标是否具体、明确,是否易于衡量。目标的和谐性,是指重点或核心目标是否突出,认识的目标与相关的学习策略、相应的情感目标是否得到反映。目标的达成,是指在实际的活动中目标实现的程度,以及非计划内的对幼儿有重要意义且与活动有机联系的目标的实现情况,达成的目标与原定的目标是否存在不一致,这种不一致是否合理。

2. 艺术教育活动内容

活动内容主要从内容的适宜性、内容与目标的一致性、相关的环境与材料的适宜性、内容的实际完成情况、内容的科学性、内容的生活性六个方面进行评价。内容的适宜性,是指所选的内容与特定年龄段幼儿的发展特点是否一致,是否最有利于幼儿的接受和发展。内容与目标的一致性,一方面指所选的内容是否最大限度地包含了活动的目标,另一方面是指内容容量的适宜性,即活动内容的多少是否最有利于目标的实现。相关的环境与材料的适宜性,是指与特定活动相对应的环境、材料是否能在质和量两个方面最大限度地支持幼儿的学习,能否满足幼儿探索、操作和交往等活动的需要。内容的实际完成情况,是指在活动过程中,预定的内容是否全面完成,有没有完成一些计划外的活动内容,它是在什么特定情境下发生的以及合理与否。内容的科学性,是指所呈现和解释的活动内容是否科学、准确,给幼儿的知识概念是否会影响幼儿进一步的学习。内容的生活性,是指所选择的内容是否适合特定的地域和文化,即活动的内容是否适合幼儿的现实生活,能否引发幼儿的有效学习。

3. 艺术教育活动方法

活动方法是实现活动目标的手段和途径。它既包括教师主动的引导和教学方法，也包括儿童的探索和操作方法。评价活动方法主要着眼于以下几个方面：一是评价方法的选择和运用是否与活动的目标和内容相呼应；二是评价方法的选择和运用是否顾及儿童的年龄特点和水平；三是评价方法是否强调并体现了儿童的自主性和主体性；四是评价方法是否注意到了与艺术环境和有关设备的联系。

4. 艺术教育活动过程

艺术教育活动过程是一个综合而复杂的过程，对活动过程的评价，也是一个动态的评价过程，它涉及教师、儿童以及其他方方面面。一般可以从以下几个方面进行评价：

(1)对教师行为的评价。主要是指对教师在活动过程中的教态、精神面貌做出一定的评价，观察教师在活动中的教态是否亲切自然、精神饱满；是否能做到正确而清晰地示范讲解；是否善于调动儿童的积极性；是否能巧妙而熟练地运用角色的变化引导儿童学习；是否善于设置一定的问题以有效地激发儿童的独立思考等等。

(2)对师幼互动情况的评价。主要是分析与评价教师在活动中是否注意到了为儿童创设适宜的活动环境，引发儿童的主动学习；是否注意到了在活动过程中充分地激发儿童的兴趣、意志、自信、独立等良好的心理品质；是否注意到了在活动中与儿童的情感交流以及为儿童之间的情感沟通创设机会和条件等等。

(3)对活动组织形式的评价。主要是分析和评价在艺术活动的展开过程中，教师是否适当地采用了集体活动、合作活动、小组活动以及个别活动等多种形式的变化；是否在活动中体现了因材施教；是否注意到了不同组织形式中儿童的人际交往等。

(4)对活动结构安排的评价。主要评价活动的结构安排是否紧凑、有序；是否注意到了每一个环节和步骤之间的层次性、系列性、递进性；是否体现了结构安排上的动静交替等等。

5. 艺术教育活动环境

活动的环境和材料与活动的目标、内容有着必然的联系，所以，在艺术教育活动的评价体系中也包含着对活动环境和材料的评价。主要包括：首先，评价环境与材料的选择与设计是否能促进艺术教育活动目标的达成，是否与艺术活动内容相适应；其次，评价环境和材料的选择与设计是否适合儿童的实际需要和能力；再次，评价活动的材料或道具是否适合于艺术活动的展开，如提供的材料和道具具有一定的艺术性和表现性，能够在数量上和质量上有所保证等；最后，评价活动过程中环境和材料是否得到了最大限度的开发和利用，是否充分地发挥了环境和材料的作用。

6. 艺术教育活动效果

主要是指从儿童方面反映出来的教育结果，它包括以下三方面的评价：首先，评价儿童在活动过程中参与学习的态度，注意力是否集中，表现是否主动积极等；其次，评价儿童在活动过程中的情绪、情感反应，精神是否饱满、情绪是否愉快和轻松等；最后，评价儿童是否达成活动预期目标。

四、评价标准

1. 选择多元的评价标准

世界上没有完全相同的两片叶子，每个幼儿都是独立的个体，具有不同个性，有着各自的特点。幼儿之间与生俱来就各不相同，他们在心理与智能水平上有着各自的风格与强项。艺术教育要充分尊重人的独特性，相信每个人都能在教师有效的教育下得到充分发展，把培养人的个性作为教育的重要任务，因此，在幼儿园艺术教学活动中实施的评价标准要多元化。

2. 建立动态的评价标准

幼儿园艺术教学活动中对幼儿的评价标准应避免“一刀切”，注意区别性。艺术能力较弱的幼儿与艺术能力强的幼儿的评价标准应体现差异性。根据维果茨基的“最近发展区”理论，幼儿园艺术教学活动中对幼儿的评价标准应该在幼儿艺术发展的限时性与可能性之间制定，即把“最近发展区”水平转化为现实水平，增强幼儿对艺术学习的兴趣和自信心。幼儿艺术学习是个动态过程，每个幼儿都在发展，对幼儿个体的评价标准也需动态生成。

3. 注重幼儿参与评价

在艺术教育评价过程中，儿童主体性的参与是幼儿园艺术教学活动的重要补充。目前，幼儿园艺术教学活动中的幼儿评价过分强调教师作为评价主体，而忽略幼儿参与评价的主体地位。在这种被动接受评价的过程中，幼儿往往处于被动的状态，不利于艺术的学习和感知。因此，在幼儿园艺术教学活动中应将幼儿自评、幼幼互评、师幼互评等评价形式客观、合理地进行分配，将幼儿参与评价的信息归纳、评价结论等不断提升，以提高幼儿在幼儿园艺术教学活动中的参与意识和主体意识。

第四节 学前儿童艺术教育评价的方法

学前儿童艺术教育作为美育的主要途径,有助于儿童健全人格的培养、审美意识的建立以及身心的健康成长。学习和从事学前教育评价,首先要正确理解学前教育评价的概念,明确其基本的特征、类型、功能和原则等。要尊重幼儿年龄特点,善于对不同幼儿给予恰当的评价,不轻视和忽略任何一位孩子。教师应善于发现每个幼儿的闪光点与不同点,注意评价的语言,永远不要对孩子说"你错了"。

一、观察法

观察法即有目的、有计划地在儿童的艺术活动中进行即时的观测,并对观测结果做出一定评估的方法。这种评价方法既有一定的合理性,又便于实施。通过观察,教师可以获取来自儿童的多方面的反馈信息。这不仅能使教师真实地了解到每个儿童的艺术发展水平和能力,而且能帮助教师从观察结果中更好地了解到教育活动进程的利与弊,并及时调整和改进活动的内容、方法和组织形式。可以从两个途径进行观察:一是自然观察,即教师在儿童的日常生活中,在儿童最真实、最自然的自发音乐活动中观察儿童行为和表现;二是特别设置一个活动、游戏或场景,以促进儿童自然地表现其艺术发展水平。

二、激励性评语评价法

激励性评语评价法,是指评价者根据自己对评价对象长期的观察与了解,参照学生评价目标,用激励性的语言,对学生某一时期的发展水平与状况概括地提出个人评价意见。激励性评语通过教师的爱,发挥期望效应的功能,在充分调动学生非智力因素的基础上,实现学生自我教育的作用。在当前幼儿园艺术教学活动对幼儿的评价中,以口头语言评价居多,采用激励性评语评价法有可能促进幼儿艺术能力发展,收获意想不到的效果。尽管幼儿对书面语言掌握不足,但是天生的好奇心会使幼儿千方百计地了解教师对他们的评语的含义。激励性评语评价法对调动幼儿艺术学习的积极性具有促进作用。

三、问卷法

问卷法是指在艺术教育中通过对教师、领导、同行及家长的书面形式的问题调查来获取有关信息的评价方法。通过问卷调查,教师可以客观地反思其艺术活动的组织和引导,可以了解儿童的兴趣爱好、艺术能力发展水平、情感表现特征以及艺术教育活动内容、形式或方法选择的合理性和可行性,进而逐步加以调整,以确保艺术教育活动的效果。

四、测试法

测试法是通过标准化的测量工具或自行设计和编制的艺术能力测验,对儿童的艺术能力发展做出科学评价的一种方法。由于测试法引用的多是权威机构或专家编制的标准化测验项目和试题,所以能较真实而客观地反映出儿童的真实情况。

第五节
学前儿童艺术教育评价的实施

有效教学评价的实施,要求弘扬师生在有效教学评价中的创造性,关注师生的人文需要,注重师生的自我内在性评价。这种评价不是等到教学结果出来以后再给予评价,而是边教学边评价,对可能出现的偏差及时进行纠正,引导幼儿相互评价、相互学习,发挥同伴资源的作用。

案例一

幼儿园艺术教学活动——“苗鼓王”,其中评价主体多元,且教师评价语言丰富,极具鼓励性,促使幼儿在艺术教学中得到了满足、快乐,感受到了苗族苗鼓舞动作的优美。

教师:“我想问一下刚才你们都观察到了什么?”

小朋友1:“我看到你打了边上也打了中间。”

教师:“是吗?那你能够做出来吗?”(小朋友双手拿着鼓槌在鼓的两侧有节奏地敲了三下,在鼓的中间敲了一下。)

教师:“他学得怎么样?吕老师要表扬一下你,你很棒。还有谁上来表演一下?”

小朋友2:“我看到你用鼓槌交叉敲了。”(小朋友尽量优美地侧着身子拿着鼓槌交叉敲了两下。)

教师:“真是太棒了,所有的人都为你鼓掌。那为什么他们要把手甩起来,还要优美地转圈呢?”

小朋友:“他们很高兴,因为场面很热烈。”

教师:“真不错,我刚才听到一个小朋友说得也很好,请他说一下好不好?”

小朋友:“很激动!”

教师:“下面我要请小朋友一起跟我学跳苗族舞,看谁跳得好,跳得最好的就可以当苗鼓王了。”

小朋友3:“我觉得我跳得最好!”

教师:“都认为自己跳得好,那你们都是小小苗鼓王了!”

小朋友:“那到底谁跳得最好呢?”

教师:“那该怎么办呢?”

小朋友4:“我想可以先选出三位小朋友,然后看谁后面站的人数最多谁就是苗鼓王。”(小朋友们按照这种提议,选出了自己心中的小小苗鼓王。)

案例二

幼儿园艺术教学活动中,教师评价语言风趣生动是调动幼儿参与艺术活动的积极性、活跃艺术教学氛围的一条捷径。

在观看教师表演的一段精彩欢快的苗鼓舞后,我们都被喜庆欢快的苗族音乐和教师优美的苗族舞姿吸引了。欢快的音乐和教师精彩的舞蹈结束了,场面还很安静,大家似乎还在回味当中,教师跳得也是气喘吁吁了。

小朋友:“吕老师的头发跳得像鸡窝一样了。”

教师:“呵呵,是吗?吕老师的头发真是有点像鸡窝了。不过,虽然吕老师的头发跳得像个鸡窝一样了,也跳得气喘吁吁,但是有大家为我鼓掌我还是很高兴。”(所有人哄堂大笑)

教师:“小朋友们是不是也开始手痒痒,想跟吕老师学跳舞了?”

小朋友:“是的。”

教师:“那好,大家站起来!请找到一个舒服的地方!你们得跟吕老师学一学,等会儿自己还可以创编苗鼓舞的动作。”(这时,小朋友们自由地围着教师散开,而有一个小男孩已经迫不及待地玩苗鼓去了。)

教师:“到那里去行不行?(诙谐式口气)你的本领还没学会。”(说完,走到苗鼓边有节奏地敲打苗鼓,假装自己也是苗鼓。)“等你把本领学会了我就和你做朋友!”

(小男孩也高兴地回归到幼儿队伍中。)

案例三

教师:“刚才有小朋友说,飞在天上的男人没有手,男人和女人的样子也很奇怪。画家为什么要这样呢?是画家画错了吗?”

小朋友1:“是画家画错了。”

小朋友2:“画家没有画错,画家可以想怎么画就怎么画。”

教师:“小朋友说得非常好!不是画家画错了。不仅是画家,我们小朋友也可以凭着想象来画画,不一定非要画得和我们看到的东西一模一样才是好画,只要能把心里想到的东西画出来,可以用很多不一样的方法来画画……”

教师问“是画家画错了吗?”小朋友们有不同的回答,在这种需要明确对与错的情况下,教师没有再去追求多元效果。当小朋友2提出“画家没有画错,画家可以想怎么画就怎么画”后,教师及时、恰当地给予了肯定和准确的反馈,并进一步告诉小朋友“不仅是画家,我们小朋友也可以凭着想象来画画,不一定非要画得和我们看到的东西一模一样才是好画,只要能把心里想到的东西画出来,可以用很多不一样的方法来画画”。由此可见,在幼儿园艺术教学活动中对幼儿的评价语言必须准确、具体、恰当。

【小结】

幼儿园艺术教学活动中,教师对幼儿的评价是幼儿园艺术教学活动的重要组成部分。关注人的意义和价值,重视对儿童的尊重和爱护,充分发挥学生的主动性和创造性,提倡民主平等的师生关系,追求自由和谐的教学氛围等对于幼儿园艺术教学活动中幼儿评价的实施具有重要意义。教师要不断提高自身素养,以促进儿童艺术能力的发展。

思考与练习

1. 结合《纲要》和《指南》的相关内容,分析我国儿童艺术教育的目标和观念的现状,讨论存在的问题和原因。

2. 如何评价学前儿童艺术能力的发展?

3. 除观察法之外,还有哪些方法可以用来评价学前儿童艺术能力的发展?

真题链接

1. 题目：春天来了

2. 内容：

（1）用绘画的方式配合开展“春天”的活动。

（2）引导幼儿完成绘画作品。

（3）请在十分钟内，完成以上两项任务。

3. 基本要求：

（1）用绘画的方式配合开展“发现春天”的活动。

（2）请配合作画的形式开展本次活动，要求绘画富有童趣，有创意。

（3）引导幼儿完成绘画作品。

（4）教学基本适合幼儿的特点，绘画内容能激发幼儿的兴趣，适合幼儿的能力水平；教师讲清绘画要求，且能够预设幼儿在绘画中的不同问题，对幼儿进行指导。

（5）请在十分钟内，完成以上两项任务。

答辩题目

怎样根据这幅画引导孩子开展关于“春天”主题的活动？

我们组织绘画活动，让小朋友自由发挥，有的自己玩彩泥，有的玩玩具，发表你自己的观点。

第 4 章

以音乐为主的综合性艺术活动设计与指导

学前儿童最主要的活动应该是综合的音乐活动，学前儿童好动的天性决定了他们不应该像成人一样单调地练声、练习舞蹈和强调技巧。因此，歌唱课、音乐与表演课、音乐与游戏课都是将声乐、舞蹈、表演、游戏中的相关内容进行有机整合，通过边唱歌边配合肢体语言，或分配不同角色进行表演的方式，或是根据音乐音响特点表达学前儿童心中的音乐形象，使得音乐教育变得鲜活生动，学前儿童在愉快的氛围中感受音乐、创编动作，使歌唱能力和肢体协调能力得到全面的发展。

【学习目标】

1. 掌握学前儿童歌唱课教学方式，熟悉学前儿童歌曲的演唱并能够达到自弹自唱的能力，提升学前儿童对歌唱课的兴趣。

2. 掌握学前儿童音乐与表演课的教学方式，熟练掌握音乐与表演教学内容，提高学前儿童对音乐与表演课的学习兴趣。

3. 掌握学前儿童音乐与游戏课的教学方式，熟悉不同类型音乐游戏课的运用方法，提高学前儿童音乐感受力与音乐领悟力。

【学习重难点】

本章学习重点是在教学中提高学前儿童对于音乐的感受力，体会音乐美。难点在于掌握音乐与游戏课中准确将不同类型音乐运用到游戏课的方式。

【知识结构图】

- 以音乐为主的综合性艺术活动设计与指导
  - 学前儿童歌唱课的教学设计与指导
    - 教师应具备的专业能力及素养
    - 歌唱课教学基本内容与方法
    - 歌唱课教学案例
  - 音乐与表演课活动设计与指导
    - 教师应具备的专业能力与课程目标
    - 音乐与表演课教学内容与方法
    - 音乐与表演课教学案例
  - 音乐与游戏课活动设计与指导
    - 教师应具备的专业能力与课程目标
    - 音乐与游戏课教学内容与方法
    - 音乐与游戏课教学案例

第一节 学前儿童歌唱课的教学设计与指导

学前儿童时期是一生成长的关键阶段，是语言、行为、思维、记忆形成的关键时期。而声乐是人类最早演唱语言、表达情感的一种形式，它对人的影响难以估量，尤其是学前儿童接受的歌唱学习，将对其身心发展有非常重要的影响。因此，开展行之有效的学前儿童声乐教学工作，不但能帮助学前儿童形成准确的语感，还能促进学前儿童形成语言系统。

在我国，越来越多的学前儿童开始接触音乐方面的感知与训练，各类早教班、培训班出现在我们的视野里，而歌唱学习更是家长与孩子选择的热门项目。但是，对于学前儿童歌唱教学，很多教师缺乏对学前儿童身心发展特点的认知，过度训练，过度要求，导致事与愿违，让孩子产生逆反心理，从而失去对歌唱的兴趣。如何对学前儿童进行适合其身心发展的歌唱课，如何制定科学有效的教学方法对幼儿进行指导，是值得认真思考的问题。

一、教师应具备的专业能力及素养

学前儿童的歌唱教学包含两方面内容：一是专门的学前儿童声乐教学；二是幼儿园的歌唱课教学。无论哪一种教学方式，教师在其中都发挥了极其重要的作用，需要教师具备良好的声乐演唱技能、音乐素养、职业道德等。在整个教学过程中，既要让孩子学习到声乐的基本技能，又要培养孩子热爱音乐的态度和欣赏、表达音乐的能力，在潜移默化中促进学前儿童身体、智商、情商、审美等方面的和谐发展。

（一）教师应具备的专业能力

学前儿童教师应具备的专业能力与专业声乐教师的要求是有所区别的，并非因为面对的教学对象不同可以降低要求，而是要依据教学对象的不同特征提出具体的专业能力要求。

1. 歌唱能力

可以说，歌唱能力是音乐教师的基本能力，而学前儿童歌唱课教师除了具备专业的歌唱能力之外，还应具备运用学前儿童可以接受的演唱方式来教授歌曲的能力。

学前儿童的歌曲不同于成人声乐作品，虽没有太多复杂的演唱技巧，深沉的情感表达，很少涉及专业演唱方法（如美声唱法、民族唱法等），但学前儿童歌曲却有其自身的特点，大多数作品充满天真、活泼、积极向上的特点，这就需要教师歌唱时要运用清澈、活泼、优美动听的声线去演唱学前儿童声乐作品，具备较强的节奏感、韵律感，让学生充分感受到乐曲的音乐律。清晰地咬字发音也是歌唱能力的关键，因为学前儿童多数不认识字，需要教师口传心授，所以，教师要掌握准确的歌词发音，正确地传授歌曲内容。

2. 伴奏能力

在学前儿童歌唱课教师中，经常可以看到有的老师唱得不错，教学态度也很好，但是伴奏能力几乎没有，面对钢琴，只能零星地弹奏几个伴奏音，有的甚至连单手主旋律都弹不完整或错误连篇，这极大地降低了学生演唱时的兴趣。所以，伴奏能力也是考核教师专业能力的重要标准。

面对任何一部学前儿童声乐作品，教师应迅速把握乐曲的风格、特点，配合适当的伴奏来展现整个音乐的氛围，让学生更好地感受作品的情感内容，积极地投入演唱中。虽然现在的科技水平发展迅速，课堂中可以用多媒体播放伴奏带，但是在教学中，键盘演奏是让学生掌握音准、节奏的最好方法，学生的音感训练也应通过键盘示范得到提高。因此，教师应具备较强的伴奏能力，在教学中运用键盘更好地展现作品的风格和情感，让学生在演唱的同时提高音乐感知力与想象力。

3. 教学能力

教学能力是歌唱课教师应具备的最重要的能力，不仅仅是教授或演唱一首歌曲，更重要的是要运用科学恰当、富有创新性的教学方法与教学语言，为学前儿童开启音乐宝藏的大门，引导孩子们感受音乐、欣赏音乐的审美体验，从而培养音乐基本素养，促进学前儿童身心全面发展。

在学前儿童歌唱课教学中，集体授课是主要授课模式，虽然教学效率较高，但也存在“一刀切”的问题，忽略了学生的个体差异，妨碍了学生个性、兴趣、学习态度的发展，这就要求教师在教学中要具备灵活扎实的教学能力。对于学前儿童来说，歌唱教学要注重寓教于乐的教学方法，充分发挥课堂主导作用，营造轻松、愉快的学习环境，采用生动、有趣、创造性的教学语言激发学生积极向上的学习兴趣。比如歌唱中气息的训练，就不能像传统声乐教学那样简单地说教，可以采用绕口令的形式让学生练习气息，这可以使学生在觉得有趣的同时又练习了气息和咬字，一举多得。当然，教学能力并不是一朝一夕的事，需要大量的教学经验的积累，才会不断进步。

（二）教师应具备的职业修养

教师，被称为“太阳底下最光辉的职业”“人类灵魂的工程师”，除了传道授业解惑的使命之外，还要具备优秀的职业素养。尤其是到了21世纪的今天，根据教师角色特征和职业特点以及教师的劳动特点，社会对教师的修养提出了更高的要求。具体如下：

1. 师德修养

德为师之本，高尚的师德是教师敬业乐教的动力，提高教育教学质量的保证。尤其是面对纯洁、可爱的孩子时，教师的师德更是格外受人关注。因为学前儿童还欠缺自制力，教师须付出极大的耐心和爱心，高度的责任心与工作热情，才能真正获得孩子们的喜爱，获得教学上的成就感。可以说，只有师德高尚，教师才能在学生心目中树立起神圣形象。

师爱能使学生得到愉快的心理体验和幸福感，是学前儿童身心健康成长的关键。师爱也是人格健康发展的重要因素，会影响到孩子对世间情态、人情冷暖的感受与体验，他们会把这种积极的情感体验迁移到对他人的信任、尊敬和热爱上。相反，如果受到不公正的待遇，甚至遭到教师的漫骂、讽刺和打击，使他们过早地体验人生的残酷，人情的淡薄，就会滋长冷漠甚至畸形的心态，产生不健康的心理。因此，教师必须严于律己，为人师表，用高度的责任心和工作热情，真诚地热爱教育事业，热爱学生，在工作中倾注全部精力，真正做到干一行、专一行、精一行。

2. 知识修养

今天，我们所面临的是科学技术不断发展、新知识不断涌现、教育改革日益深入的时代，这些都要求教师要勤于学习、孜孜以求、广泛涉猎、兼收并蓄、严谨治学，精益求精，不断提高自身的文化素质，这是一个教师搞好教育教学工作的基础。

教师要有精深的专业知识。为了完成好所承担的教学任务，教师必须精通该学科领域的专业知识。所谓精，就是要对所教专业的知识深钻吃透，准确把握，具有扎扎实实的基本功；所谓深，就是要对所教学科在知识体系上融会贯通，在教学中重点突出，脉络清楚，深入浅出，通俗易懂。

面对学前儿童，如何用恰当的教学方法、教学语言和用具让学生获得知识技能是重要课题。因此，教师既要精通本专业，还要广泛地掌握其他学科的知识，才能满足学生多方面的需要。比如学前儿童心理学、学前儿童行为学等，综合多种学科才能在教学中取得最佳的教学效果。

二、歌唱课教学基本内容与方法

针对学前儿童的歌唱课，我们要放下成人教学的要求和内容，制定符合学前儿童身心发展规律的教学方法与内容。首先要弄清楚，学前儿童学习歌唱课的目的是什么？是通过歌唱学习，打开声乐的大门，感受音乐的美好，聆听动听的旋律，获得音乐审美的体验，从而实现艺术素养的培养。

（一）教学基本内容

在歌唱教学中，经常会听到这样的问题："孩子音准不好怎么办？嗓音不好怎么办？"其实在学前儿童教学中，教师要明确的一点就是，所教授的对象不是成人，而是处在发育期的孩子们。先天条件的好坏不是重要的，重要的是让每个孩子参与到歌唱课的学习中。一般采取集体课教唱，培养孩子的集体观念、荣誉感等。总之，我们不能忽视学前儿童的声乐教学，不管是私教学习还是幼儿园集体课，都应有具体的教学方法和目的。

1. 声音训练

对于学前儿童的声音训练，一定要注意不能过度。现在许多中小学生学习声乐时嗓子出现问题，声带闭合不好、小结等，就是在上学前参加歌唱学习过度用嗓导致的。这是很糟糕的教学结果，一定要引以为戒。学前儿童在成长期，身体的各个器官都处在最柔软、稚嫩的状态，发声训练切不可大声唱、大声喊。有的教师在要求学生唱高音时大声去唱，导致孩子脆弱的声带在没发育成熟的情况下受到损伤，导致终生遗憾。

所以，在声音训练上，我们首先应掌握适度原则，让学生在可承受的音高范围内发声，一般用元音字母即可，控制在一个八度之内，学会弱声唱歌，不可强行拔高，造成“挤压喉头”的刺耳声音。其次，用形象生动的语言或道具描绘气息的感觉，比如用吹气球的方式让孩子加强气息练习，学小狗叫、火车跑的声音练习气息，都是卓有成效的。最后，要有耐心。学前儿童的理解能力毕竟有限，跑调或音不准是正常现象，教师要耐心引导，慢慢纠正。

2. 节奏训练

节奏是音乐中重要的音乐织体，体现了乐曲的律动性和带动性。在学前儿童声乐教学中，节奏训练尤为重要。一般儿歌都具有节奏鲜明、旋律轻快的特点，因此，在进行学前儿童歌曲教学时，要充分发挥儿歌本身的特点，编排一些朗朗上口、节奏感强的绕口令，用寓教于乐的方式激发孩子们的学习兴趣，同时又进行了节奏练习，如“扁担长、板凳宽，扁担非要绑在板凳上，板凳偏不让扁担绑在板凳上”等。

在教授歌曲时，先让幼儿欣赏几遍歌曲，然后让他们拍着手跟着哼唱，还可以用游戏的方式进行练习，比如用小乐器沙锤、手铃等，通过多种形式来培养他们的节奏感。这样，在歌曲教学中，不仅能培养学前儿童的乐感，还能提高他们的学习积极性。

3. 歌词训练

众所周知，歌词是一首歌曲的重要组成部分，要想创造出好听的儿歌，歌词是非常重要的。尤其是我们中国的汉字发音，四个声调、平翘舌、相似字都是难以掌握的。所以，在教学时，教师应先带着学生把字朗读一下，说清楚，讲明白。把字头、字尾分开念，平翘舌分清楚，这就需要教师自身普通话水平过关，不然言传出的便是错误，影响孩子的语言准确性。然后可以连续播放几遍歌曲，等学生掌握了节奏之后，教师可以要求学生自己说出听到的歌词，最后对比谁的准确率最高。如果难度较高的话，教师可以事先将歌词分成一句一句的，然后打乱顺序标上序号，让学生排出正确的歌词顺序。这样既可以锻炼学生的听觉，又可以让学生体验到成功的感觉。

(二)教学基本方法

1. 示范法

学前儿童因为年纪尚小,没有辨别优劣的能力,很容易受到教师的影响,所以教师要为学生做出正确的示范。首先,教师要根据学前儿童的年龄和嗓音条件,引导他们用自然的声音来唱歌,也就是所谓的"头声"。只有这样,孩子才能发出甜美、干净、有光泽的声音。引导他们用嘴呼吸,唱歌时尽量不要大吼大叫,不然容易损伤声带。其次,教师可以利用五声音阶歌曲作为学前儿童的入门训练,因为孩子很难把握半音,只有掌握了五声音阶才能继续学习七声音阶。此外,五声音阶是我国民族音乐的独特标志,熟练地掌握五声音阶,对于将来继承和发展民族音乐具有非常重要的意义,同时也有利于学前儿童学习其他国家的幼儿歌曲,不断拓展音乐艺术视野。

2. 启发法

在众多的教学方法中,启发法对学前儿童的学习能起到激发兴趣、提高教学效率的作用。尤其是在歌唱教学中,运用学前儿童喜欢的方式进行教学,比如游戏教学、故事导入和肢体教学等方式,激发学前儿童的学习积极性,培养学前儿童的乐感和节奏感,让学前儿童感受到音乐带来的愉悦体验,从而爱上音乐、享受音乐。歌曲教学的目的不只是教会学生唱歌,教师还要将语言和律动融入教学中,让学前儿童主动参与到课堂活动中。比如《小燕子》这首儿歌,可以问学生"小燕子怎么飞呀?""它穿着什么衣服?"等等,通过这些问题启发学前儿童的想象力和创新思维。

3. 演示法

这里提到的演示法,不光是指教师的教学演示,更多的是指对于音乐表现力的演示。在学前儿童歌唱教学过程中,许多教师往往更多地注重歌唱技巧等方面的训练,忽视了音乐形象的塑造和表现,使得演唱中缺乏情感表现,死板生硬。因此,把音乐表现放在音乐教学重要的地位是有必要的,用音乐表现来带动音乐表演技能技巧的训练,往往能达到较好的效果,比如眼神、动作、姿态等等,这些表现都可以让孩子在表演中体会到音乐的美,感受音乐美的教育。

三、歌唱课教学案例

大雨和小雨

教学目标：

1. 通过现实中雨滴的声音感受音乐的强弱；

2. 在轻松、愉快的气氛中，训练孩子的节奏感，培养孩子的律动感知；

3. 培养孩子爱音乐、爱生活的情感。

教学对象：4—6岁学前儿童(集体课)。

教学重点：在活动中感受歌曲的乐趣，引导学前儿童尝试打击歌曲的强弱节奏。

教学难点：能够让学前儿童准确地拍打歌曲中的强弱拍。

教学准备：

知识准备——律动，已经认识身体各个部位的名称。

教具准备——多媒体，大雨和小雨图两幅，各种小乐器。

教学过程：

一、启发式导入

导语：小朋友们，春天来了，外面天气真好，小草发芽了，大树妈妈也开始变绿了。我们一起去郊游吧。

教师：你看这样的春天美不美？大家都看到了什么呢？(用PPT展示图片)

小朋友：美，有树，有太阳，有花，还有雨。

教师：大家真棒，观察得真仔细，那有没有小朋友说说，雨是从哪里来的呀？落在地上是什么声音呀？

小朋友：天上来的。(模仿各种雨的声音)

教师：嗯，很好！现在老师给你们听两段下雨的声音，大家来听它们有什么区别。(小雨声，大雨声)

小朋友：一个是哗哗哗，一个是滴滴答答。

教师：非常好！大家听得都很仔细，那么今天老师来带着大家一起用音乐来表达大雨和小雨的声音，我们一起出发吧。

二、基本部分

(一)聆听歌曲《大雨和小雨》。(播放音乐)

（二）试唱歌曲。

1. 提问：这首歌里的大雨声音怎么样？（声音很响很大）小雨的声音怎么样？（声音很轻很小）

2. 教师：小朋友们回答得真好，那想不想学这首儿歌呢？现在我们先请王老师唱一遍，再带小朋友们唱。

教师：小朋友们学会了吗？我们现在跟上音乐一起唱。

（三）自由选择动作、乐器来表示歌曲中大雨和小雨的强弱变化。

小朋友们唱得真好听，我们来鼓励一下自己吧！

教师：现在啊，小朋友们要用相应的动作把大雨和小雨表现出来。老师先来做一个示范。老师用拍手表示大雨，用拍腿表示小雨。（因为拍手的声音大，拍腿的声音小）现在哪位小朋友告诉老师，你是用什么方法来表示大雨和小雨的？（个别幼儿回答）

教师：现在我们跟上音乐来表示一下吧！（播放音乐）小朋友们唱得可真好听，我们的乐器宝宝都等不及要和大家一起唱了。小朋友们看，这里有许多的乐器宝宝，我们要用哪种乐器宝宝表示大雨，哪种乐器宝宝表示小雨呢？为什么？（让幼儿摇一摇，再选择乐器。演奏一遍，交换乐器，演奏中注意突出强弱）

要求：当唱到“哗啦啦”时，拿大雨乐器的小朋友演奏；当唱到“淅沥沥”时，拿小雨乐器的小朋友演奏。

（四）结束语。

今天小朋友们认识了大雨和小雨的乐器宝宝，还学会唱《大雨和小雨》这首歌曲，今天回家后把这首儿歌教给邻居的小朋友们好不好啊？

第二节 音乐与表演课活动设计与指导

音乐艺术以人声或乐器的声音等为材料，用有组织的乐音构成艺术形象，抒发人的审美感情，具有情感表现力和情绪感染力。《毛诗序》中这样写道："情动于中而形于言，言之不足，故嗟叹之；嗟叹之不足，故咏歌之；咏歌之不足，不知手之舞之足之蹈之也。"这句话说明，在语言、感叹、歌唱都不足以表达情感时，自然而然就舞蹈起来了。在舞蹈艺术中，节奏是最基本的表现手段。舞蹈节奏一般表现为人体的律动，即人体动作的力度强弱、速度快慢、动作幅度大小等，因此舞蹈节奏常常体现为人体动作的韵律美。舞蹈节奏主要来源于现实生活和劳动节奏，生活中、劳动中的节奏是产生舞蹈动律的基础。

学前儿童最主要的活动应该是综合的音乐活动，他们好动的天性决定了不应该像成人一样单调地练声、练习舞蹈和强调技巧。因此，音乐与表演课将声乐、舞蹈两门专业基础课程中的相关内容进行有机整合，通过边唱歌边配合肢体语言，或分配不同角色进行表演的方式，使得歌曲的内容和音乐形象变得鲜活生动，让学前儿童在愉快的氛围中感受音乐、创编动作，促使歌唱能力和肢体协调能力得到全面的发展。教学中，以学前儿童歌曲表演与设计的教学形式，将声乐、舞蹈两门课程的内容进行有机整合。

一、教师应具备的专业能力与课程目标

（一）教师具备的专业能力

1. 表演能力

学前儿童教师应该具有敏锐的观察力，深刻的理解力，持续而稳定的注意

力，丰富而活跃的想象力，准确而鲜明的判断力，灵敏、即兴的适应力以及真切的感受力和生动的模仿力。这些素质的培养与发展是幼儿园教学过程中的关键，在训练过程中，着重培养与发展教师的基本创作素质，运用各种类型的即兴表演、动物模拟、人物模拟、观察生活细节和小品表演练习等方式进行训练。与此相结合的是形体、声音、语言技巧方面的训练。

2. 音乐感知能力

音乐感知能力包含音乐感觉和音乐知觉，主要是指先天具备以及后天通过学习获得的感知、理解、表现和创编音乐的能力。它包含对音乐的感知辨别能力、对音乐关系的理解能力、对音乐技能的表现和运用能力。音乐感觉是指借助听觉器官辨别音高、音强、音长、音色等细微差别的能力。音乐知觉是指人们对音乐的复杂形式与结构（节奏、旋律、和声、织体、力度、速度调性调式等）的细微变化的辨别能力。音乐感知力越强的人乐感就越好，通常对音乐的鉴赏能力也就很强，音乐创作能力自然也不会弱。

3. 音乐与表演创作能力

音乐与表演创作的关系更为密切，根据音乐即兴表演是幼儿园音乐教学的特点，也是音乐活动创作手段。音乐与表演创作是相互促进的，在创作过程中，学前儿童对音乐表现能力的追求，推动他们表演能力的进步；音乐与表演是欣赏、理解音乐内容与形式的必要手段，也可以从不同音乐表演的比较中欣赏、鉴别、认识对音乐的不同理解，促进学前儿童对音乐的欣赏和理解。

（二）音乐与表演课程目标

（1）发展学前儿童在音乐活动与表演方面的技能、学习策略与学习能力；

（2）发展学前儿童在幼儿歌唱活动中创设情境的能力和创造力。

二、音乐与表演课教学内容与方法

（一）音乐与表演课教学内容

1. 词义表演

根据幼儿歌曲的歌词内容进行表演动作的设计，同时鼓励学前儿童大胆创新，锻炼他们的想象力，训练他们口、脑、耳、眼、四肢的协调能力。例如在歌词中要表现小动物的形象，教师就需要引导学前儿童模仿小动物。学前儿童会用双手模仿兔子耳朵竖起来的形象，然后模仿小兔子蹦蹦跳跳的样子。这样既能锻炼学前儿童观察模仿的能力，又能够训练学前儿童的身体机能。根据歌词来进行模仿、表演的教学内容比较多，这种音乐与表演课的教学深受学前儿童喜欢，同时也能够锻炼、提高学前儿童综合的音乐表达能力。

2. 音乐音响感受力表演

在没有歌词语义的引导下，教师只根据音乐音响的效果进行表演动作的设计，同时引导学前儿童进行想象，感受不同乐器、不同音域、不同节奏、不同速度等等。音乐元素的变化带来不同的音乐感受，教师要训练学前儿童通过自己的表演把这种音乐感受表达出来。这种音乐与表演课的活动难度相对比较大，需要教师掌握一定的音乐演奏技巧，具有相应的音乐能力。

在艺术创作与欣赏活动中，艺术创作者和艺术表演者要准确把握人类听觉的感受特征，这样才能够使音乐艺术更能打动欣赏者。听觉比味觉灵敏很多，如果一个声音的音高改变了原本音高的1/333，就可以感觉到（经过专业训练的人员能达到的最小值会更高）。而对于味觉，要达到20%的差异才可能引起最小觉差；对于响度，要达到10%的差异才能够引起最小觉差。

在钢琴的音域范围内，键盘的最高音是小字五组的c，最低音是大字二组的A。音乐艺术家往往根据不同的音乐形象，使用不同的音域进行艺术创作，在各个音区特性音色具有不同的表现意义。高音区具有清脆、嘹亮、尖锐的特性，低音区往往给人以浑厚、笨重之感。艺术家在进行音乐创作的过程中，会根据不同的音乐形象使用不同音域，从而产生需要的音色。

在音乐与表演课设计中，教师可以根据音乐形象来引导学前儿童，开发他们的音乐想象力。

（二）音乐与表演课程教学方法

（1）表演法：教师通过自己的表演让学前儿童感受音乐形象，体会音乐的美。学生通过模仿教师的表演，加入个人对音乐的理解，采用夸张的动作、形体语言表现音乐形象。

（2）互动法：师生根据音乐音响或者歌词语义对音乐作品共同进行表演的方法，气氛活跃，有利于师生交流。

（3）讲授法：教师通过讲授歌词语义、音乐形象，帮助学前儿童理解音乐，再进行表演的教学方式。

三、音乐与表演课教学案例

学前儿童(5—6岁)音乐表演课教案:《森林音乐家》

(一)活动目标

1.引导学前儿童通过图片、故事等多种途径来充分感受音乐,并通过声音、动作等扮演各种动物的音乐形象。

2.发展学前儿童的音乐节奏感及对音乐的感受能力。

3.培养学前儿童随音乐节奏做动作的良好习惯。

(二)活动准备

1.《热闹的森林》图片一张;小提琴、笛子、大鼓、钢琴、沙锤、铃鼓、碰铃等多种乐器;小松鼠、小白兔、小鸟、小狐狸头饰各一,并布置于教室四周。

2.学前儿童熟悉小提琴、钢琴、长笛、大鼓等多种乐器。

(三)活动过程

1.教师出示小提琴、钢琴、长笛、大鼓四种乐器,引导学前儿童讨论喜欢的乐器。

导语:

(1)今天,森林里的小动物要请我们开个小小音乐会。你们看,我带来了什么?

(2)你们会演奏这些乐器吗? 上来试试。

(3)还有谁会演奏别的乐器?

2.引导学前儿童倾听音乐,理解歌词内容。

(1)引导学前儿童仔细倾听音乐。在热闹的森林里,住着一群音乐家,我们听听他们的演奏。

(2)请学前儿童说说歌曲里说了什么,并谈谈自己对音乐的感觉。

(3)教师出示《热闹的森林》图片,带领学前儿童按歌曲节奏念歌词。

3.引导学前儿童再次欣赏音乐,注意听乐曲中四种乐器音色的变化,并在间奏处模仿演奏乐器的动作。

4.启发学前儿童分角色表演音乐。

(1)自由分配角色。指导语:森林音乐会就要开始了,现在我们来邀请一些山上的音乐家。(教师介绍四个音乐家的位置)

(2)教师当指挥家，引导学前儿童分角色表演音乐。

5. 带领学前儿童召开班级小小音乐会，鼓励学前儿童自由选择乐器表演音乐。

6. 教师结束语：大家表现得非常棒，每一位小动物都表演出了自己的音乐，希望小朋友们从现在起爱护每一位小动物，跟可爱的小动物们做朋友！好啦，今天的森林音乐会到此结束，谢谢大家！

第三节 音乐与游戏课活动设计与指导

学前儿童的主要活动就是游戏课，在学前儿童教育过程中，游戏是不可缺少的，不单单因为游戏是孩子们的天性，还因为艺术活动本身就包含游戏的因素。艺术起源游戏说认为，艺术起源于人类的游戏冲动，人类过剩精力通过艺术得以发泄，主要代表人物有席勒（德国诗人）和斯宾塞（19世纪英国哲学家）。德国诗人席勒继承了康德的观点，提出艺术起源于游戏的冲动。席勒认为，人在现实生活中是不自由的，要受到自然力量和理性法则的约束，只有逃离这些约束，人类才能获得自由，而唯一的方法就是游戏。席勒说："只有当人在充分意义上是人的时侯，他才开始游戏；只有当人游戏时，他才是完整的人。"这说明，游戏是人类的自由状态，人类只有在游戏中才能摆脱外在的压力，回归灵魂的故乡，艺术是人类自由的象征。因此，游戏冲动构成艺术创作动机。

学前儿童好动的天性决定了孩子们是在游戏过程中获得知识的，因此，音乐游戏活动就是将音乐内容与游戏内容进行有机整合，通过音乐活动配合肢体语言，或分配不同角色，增加故事情节进行表演的方式，使歌曲的内容和音乐形象变得鲜活生动，让学前儿童在愉快的氛围中感受音乐、创编动作，促进歌唱能力和肢体协调能力、思维能力得到全面发展。

想象是指对记忆表象进行综合加工、创造艺术形象的一种思维方式。艺术想象的特征是具体可感性、非逻辑性。艺术想象是创造艺术形象的主要途径，在艺术活动中发挥着极大的作用。情感与想象是艺术活动中的重要元素，虽然它们性质、特征各不相同，但二者是紧密联系在一起的。艺术情感越强烈，艺术想象力就越丰富；艺术想象力越丰富，表达的艺术情感就越强烈。二者相互激励，相互生长。艺术想象赋予艺术作品鲜明、生动的艺术形象，同时想象力还能增强人们内心情感的表达，使得艺术家的心灵更加活跃、敏锐。艺术想象也是构成艺术接受的重要元素，艺术接受是艺术作品和观众的遇合，艺术接受者需要以想象重新构建艺术形象。因此，离开了想象，艺术活动将失去生命。

一、教师应具备的专业能力与课程目标

（一）教师应具备的专业能力

（1）音乐与游戏课教学设计能力：教学设计能力是以对教学内容和学生的理解为基础来设计总体的教学进程、教学方法和教学组织形式的能力。简言之，就是教师在上课前对教学过程中的各要素进行优化组合的能力。游戏课教学设计能力就是指幼儿园教师根据教学内容和学前儿童的能力，把音乐与游戏课结合起来设计课堂教学活动的能力，主要包含以下几个方面：①课堂教学目标设计能力。游戏课堂教学目标是多元的，有知识、技能、能力、态度、情感与创造力培养等方面的目标，要求教学目标符合课程标准的要求，切合学前儿童实际，明确、具体、准确。②教学内容设计能力。游戏教学内容设计应重点突出，符合学前儿童最近发展区，并注意与已学知识、相关学科知识的联系，注重策略性知识的教学。教师要结合音乐教学，对游戏教学内容进行优化组合。③课堂教学方法设计能力。游戏教学方法的设计应与教学目标、内容相匹配，气氛活跃，师生多向交流。

（2）音乐与游戏课组织能力：教师根据教材内容和教学方法，在音乐与游戏课堂内指导学前儿童掌握游戏内容，达到训练体能、提高音乐审美能力的目的。

（3）音乐与游戏课创造能力：创造力是指创造新设想（新观念、新理论、新办法）、新事物的能力。音乐与游戏课的创造能力有以下几方面：①敏锐力。它是指敏于觉察事物，具有发现缺漏、不寻常及未完成部分的能力。②流畅力。它是指产生观念的多少的能力，即思索出许多种可能的构想或回答的能力。③变通力。它是指从某种思想转换到另一思想的能力，或是以一种不同的方法去看问题的能力。④独创力。它是指反应的独特性，能够想出别人想不到、独特新颖又有实际效果的办法的能力。⑤精进力。指在原来的构想或观念上再加上新观念，增加有趣的细节和组成概念群的能力。学前儿童教师要具备音乐与游戏课创造能力，这样才有助于培养学前儿童的创造性思维，发展创新能力。

(二)音乐与游戏课程目标

(1)发展学生的音乐感、审美能力,开拓音乐审美视野;

(2)发展学生的情感智能与积极、阳光的个性、社会性。

二、音乐与游戏课教学内容与方法

(一)音乐与游戏课教学内容

音乐为辅助手段的游戏课教学中,大多是以活动为主,音乐只是作为背景使用,目的是营造温馨、愉悦的情境,降低外界噪音干扰。例如,室外游戏活动过程中的背景音乐,课间播放的休息音乐等等。

音乐为主要手段的游戏课教学,包括乐器游戏课、节奏游戏课、歌唱接龙游戏课等等。这种以音乐活动为主的游戏课,目的是培养学前儿童的音乐活动技巧,训练学前儿童感受、领悟音乐的能力,提高他们的音乐审美水平,为今后学习音乐打下坚实基础。

音乐接受心理研究表明,联觉是人的心理活动的自然规律,同时也是人类共有的普遍心理活动规律。因此,一种文化中的音乐现象才有可能被其他文化背景下的人理解、接受。联觉的心理活动机制是音乐音响与其他表象对象之间发生对应关系的中介环节。①在艺术审美实践中,音乐艺术从来就不是单纯的听觉对象,而是具有丰富表现力的艺术形式,根据艺术形象的联觉对应关系,在感觉体验上包含着诸多的复杂的心理过程。音乐音响与情态体验活动存在联觉对应的关系,音乐音响(刺激物)刺激人的听觉系统,在使人产生听觉体验的同时,根据联觉机制的作用能够引起相应的情态活动形成情绪体验。当这种情绪体验具有稳定特征时,会激发联想机制从而产生相应的情感体验。

学前儿童教师要掌握这些音乐联觉感受力的知识,有助于在音乐活动教学中准确运用相关内涵的音乐,也能在教学中通过学前儿童的音乐理解力、音乐感受力,提高学前儿童音乐审美能力。

(二)音乐与游戏课教学方法

(1)小组课游戏活动和集体游戏活动相结合:采用小组游戏活动和集体游戏活动相结合的模式对学前儿童音乐与游戏课的实施比较有效,在游戏活动过程

---

① 张前.音乐美学教程.上海:上海音乐出版社,2002.

中既突出个性，又培养了学前儿童合作能力、协商解决问题的能力。

（2）模拟情景教学法：通过模仿寓言故事的场景等，学生在音乐与游戏课中不仅学习到儿歌表演基础知识，还能提高歌唱和表演技能，而且开拓了他们的想象力和创造力。

（3）学前儿童自主创编游戏课：学前儿童通过自己对音乐的理解，进行音乐形象提炼、游戏内容设计、游戏情景模拟，提高了学习的自主性、创造性。

三、音乐与游戏课教学案例

《五官歌》（3—4岁）

游戏目标：1.熟悉音乐旋律，能配合音乐指认五官的位置。

2.学习有节奏地唱准歌曲，喜欢和老师一起做音乐问答游戏。

游戏准备：1.音乐录音磁带。

2.请一名成人与教师配合对唱并表演。

游戏过程：

1.听口令指五官。

教师即兴说出五官的名称，并不断地变换口令，逐步加快速度，学前儿童听完口令立即用手指五官，如：教师说“眼睛”，学前儿童就用手指自己的眼睛。

2.学前儿童欣赏教师和配合者表演的游戏。

在音乐伴奏下，教师开始表演游戏：

“我们现在做的游戏和刚才大家一起做的游戏一样吗？”再次表演，学前儿童拍打节奏。

3.学前儿童学习音乐游戏。

（1）请全班跟着教师对唱，边唱边拍手，手口同步。

（2）师生一起做音乐游戏，唱到“在这里”时，用手指五官的位置。

（3）提醒学前儿童注意唱准 3 3 2 2 | 1 - - 0 ‖。

【小结】

音乐活动中，幼儿最容易理解和喜爱的表现形式就是唱歌，它通俗易懂，是幼儿情感的最好表达形式。因此，在唱歌教学中教师应该遵循幼儿的生理特点，采用多种教学手段来激发幼儿的情感，进而培养幼儿对唱歌活动的兴趣。通过本章的学习，学生能够在学前儿童音乐教学活动中，提高幼儿对音乐的感受力，体会音乐美。

思考与练习

学前儿童音乐活动课设计环节的关键点在哪里？

【应用与实践】

1. 撰写一份学前儿童歌唱课教学活动设计。
2. 撰写一份学前儿童音乐与表演课教学活动设计。
3. 撰写一份学前儿童音乐与游戏课教学活动设计。

第 5 章

以美术为主的综合性艺术活动设计与指导

儿童美术到底要学些什么？有很多家长和老师以教孩子画线、涂色、比例、透视关系等绘画技能为主，忽视了能力的培养。其实，在幼儿阶段学得过多，既枯燥，效果又不好。学美术有一重要目的，就是培养孩子的审美修养。正确的做法是给孩子提供美的环境，如参观各种美术展，从小让孩子欣赏适合他们年龄特点的原始艺术、民间艺术及优秀儿童画。美的东西看多了，眼界就高，欣赏水平自然提高。美术活动是孩子表达思想、宣泄情感的工具，通过它来培养创造思维，提高审美修养，是孩子学美术的主要目的。

【学习目标】

1. 充分认识学前儿童美术教学活动的意义、目标、内容、任务以及教学方法与原则。

2. 能掌握学前儿童美术教学活动设计与组织以及教学活动实施过程中的步骤。

3. 能根据各年龄段儿童的特征去设计并实施教学活动。

4. 能掌握学前儿童手工教学的各项内容以及实践指导方法。

【学习重难点】

深刻把握学前儿童各年龄段的生理、心理发展过程，设计与之相应的美术教育内容和方法，让学前儿童能随着身心发展得到有效且合理的艺术教育。掌握学前各年龄段儿童的绘画、手工以及美术欣赏的教学内容、教学目标、教学方法是本章的重难点。

【知识结构图】

- 学前儿童美术教学活动
  - 绘画教学活动
    - 充分认识各年龄段儿童的绘画特征
    - 把握此年龄段儿童的绘画教学目标
    - 设计并实施与之相应的教学计划
  - 手工教学活动
    - 充分认识各年龄段儿童的手工特征
    - 把握此年龄段儿童的手工教学目标
    - 设计并实施与之相应的教学计划
  - 美术欣赏教学活动
    - 充分认识各年龄段儿童的审美特征
    - 把握此年龄段儿童的美术欣赏目标、任务以及内容
    - 设计并实施与之相应的教学计划

第一节 认识学前儿童美术教学活动

儿童美术教育一直以来存在着一些误区，比如把美术教育等同于技艺教育，认为教会孩子画出一张美丽的图画、做出一件有趣的玩具便完成了任务，把重点放在培养孩子的正确描写和表演能力上，把技能技巧的培养作为重要任务；再则，把美术作为实施德育、智育的手段，作为完成某一中心任务的从属部分，没有自身的独立体系。殊不知，美术教育本身是一个独立的领域，是一个具有极大潜力的领域，它的任务是既培养儿童对艺术美的欣赏、识别，又培养儿童的审美心理素质，帮助他们学习用美的眼光来把握世界。因此，正确认识学前美术及其教学活动显得尤为重要。

一、学前儿童美术教育活动的意义与目标

（一）学前儿童美术教育活动的意义

（1）可以发展学前儿童对美的感受力、表现力；

（2）能发展学前儿童的观察力、记忆力、想象力、创造力和动手操作能力；

（3）能形成学前儿童良好的个性心理品质；

（4）能提高学前儿童学习其他学科的效果。

（二）学前儿童美术教育活动的目标

学前儿童美术教育活动的目标，是学前儿童美术活动设计和实施的关键因素，是学前儿童美术教育的具体标准和要求。

1. 行为目标

所谓行为目标，是指在设计和实施学前儿童美术教育活动时，以行为的方式（用可观察和可测量的行为）陈述美术活动的目标。

2. 展开性目标

如果说行为目标关注的是活动的结果，那么展开性目标注重的则是过程。展开性目标陈述的是儿童学习行为变化的过程，它所关注的不是外部事先规定的目标，而是强调教师根据教学的实际进展提出相应的目标。

3. 表现性目标

表现性目标是唤起性的，而非规定性的，不是规定学生在完成学习活动后所习得的行为，而是描述教育中的"际遇"，即指明儿童将在其中遭遇的情境、儿童将要处理的问题、儿童将要从事的任务，但并不指定儿童将在这些"际遇"中学到什么。

（三）学前儿童美术教育活动的任务

（1）培养学前儿童的审美能力。

（2）培养学前儿童对美术活动的兴趣，应注意以下几点：

①教材的内容和表现形式要有趣味性，教学方式和方法要注意游戏性；

②教材难度要适中，教学要求要注意针对性；

③教师对美术活动的兴趣要浓厚，辅导的态度要亲切，辅导要注意启发性；

④教师要同家长密切联系，不断沟通情况，注意保持学前儿童的学习兴趣。

（3）发展学前儿童的智力和创造才能。

（4）让学前儿童掌握简单的美术知识和技能。

让学前儿童掌握简单的美术知识和技能是学前儿童美术教育任务之一。这些简单的美术知识和技能主要是：

①认识和学会使用绘画、手工材料；

②通过观察，正确识别物体的形状和颜色；

③表现出物体的基本结构和主要特征；

④掌握较合理的绘画程序和方法，较完整地安排画面。

（四）学前儿童美术教育活动的内容

学前儿童美术教育活动的内容，是达成学前儿童美术教育目标的重要因素，是实现学前儿童美术教育任务的关键。学前儿童美术教育活动的内容主要有以下三个方面：

1. 绘画工具和材料的使用方法

绘画工具和材料是学前儿童绘画过程中不可或缺的媒介和手段，能否正确、合理、灵活地运用各种绘画工具和材料，直接影响着学前儿童绘画的成效和美感。所以，帮助学前儿童认识和掌握一些基本绘画工具和材料的使用方法，是学前儿童绘画教育的一个重要内容。

剪纸和喷画相结合的幼儿美术作品

2. 绘画的形式语言

绘画的形式语言主要是指线条、形状、色彩、构图等美术要素，是绘画表现的手段和方式。

（1）线条。线条是造型的基本要素之一。

幼儿线描画

（2）形状。形状是由线条构成的轮廓和结构，学前儿童绘画就是用简单的形状组成事物形象的过程，当学前儿童能够用越来越复杂的形状去组成形象时，也就说明学前儿童绘画水平在不断地提高。

用形状组成形象

(3)色彩。色彩是绘画的基本要素之一。学前儿童对色彩的学习包括常用色彩的辨认,如红、黄、蓝三原色,橙、绿、紫三间色,蓝灰、紫灰、绿灰等常见的复色以及黑、白、灰等。

同色系渐变

(4)构图。构图是指对自己想要表现的形象进行组织安排,形成形象的部分与整体之间、形象空间之间特定的结构形式。简言之,构图是造型艺术的形式结构,包含全部造型因素与手段的总和。

构图平衡完整

3. 不同种类的绘画题材

绘画题材是创作者创作艺术形象的源泉，具体是指创作者根据创作意图而选取的生活场景或现象。学前儿童绘画的题材十分广泛，大都来自学前儿童的生活。学前儿童绘画的题材有自然景物、人物、日常用品、动植物、交通工具、建筑物、简单的生活事件和自己想象中的人、事、物等。

二、学前儿童美术教学活动的组织与实施

学前儿童美术活动是幼儿喜欢的一种艺术活动，是幼儿认识世界、探索世界的重要手段。幼儿通过美术活动，把自己关注的热点、感兴趣的事物和幻想的美好世界创作出来。因此，活动中教师要通过各种途径，运用符合学前儿童身心发展的教育原则和灵活多样的教学方法，让美术教育发挥更大的作用。

(一)学前儿童美术教学活动组织重点

学前儿童绘画作为学前儿童能动的自主性艺术活动，能启迪学前儿童的心智与情感。通过美术活动培养学前儿童的学习兴趣和创造潜能是一个重要的课题，也是对学前儿童进行创造性思维培养的重要方式之一。

1. 把握学前儿童绘画的特点与规律，制定循序渐进的教学计划

心理学研究表明，学前儿童绘画发展分为涂鸦期、象征期、图式期与写实期四个阶段。教师必须科学地分析学前儿童生理、心理等特点与技能发展规律，正

确地认识学前儿童在不同时期的美术发展实际水平与能力，从而针对他们不同时期的不同需要制定适宜的教学计划。这是发掘学前儿童在绘画活动中的创造潜能的有力保障。

2. 运用灵活多变的教学方法，支持学前儿童创造性地表达

学前儿童知识经验贫乏，思维没有定式。因此，要培养学前儿童创造性思维能力，帮助他们积累各种经验比讲授概念更切合他们的需要。在教学中，教师必须变单向传授知识技能为引导学前儿童主动观察、比较，通过亲身感受，互相讨论，将各种新旧知识结合起来，从而提升学前儿童对事物的认识，促进他们大胆地表现自己。

3. 丰富学前儿童的想象力并运用在绘画中

绘画是孩子从两岁起就喜欢的活动，他们喜欢拿着笔到处涂涂画画。如果教师仅仅用简单的范画和教材指导孩子绘画，无疑会使学前儿童的创造力和情感体验受到禁锢。教师可通过多种形式来引导学前儿童想象力的发挥，并把想象力运用在绘画中：

(1)通过给孩子讲故事来启发孩子的想象，让学前儿童把故事情节用绘画的形式画出来；

(2)让学前儿童通过编故事来绘画，从而发展学前儿童自己创编故事的能力，并能把自编故事画出来；

(3)听着音乐来绘画。学前儿童通过对音乐的欣赏，能用线条、颜色或物象来表达自己对音乐独特的理解。教师必须根据学前儿童想象力的发展特点即通过对事物进行观察了解来丰富他们的知识、经验，使学前儿童的想象力通过各种渠道得到丰富和发展。

(二)学前儿童美术常用教学原则与教学方法

1. 教学原则

(1)兴趣原则，是指让幼儿对美术活动感到饶有趣味，带着喜好的情绪积极、热心地参加。由于幼儿的认知发展尚处于无意性占优势的阶段，因此容易受兴趣的支配。教师要提供多种工具和材料，刺激学前儿童参与美术活动的积极性，适当采用赞许、表扬和比赛、竞争来强化学前儿童对美术活动的兴趣。

(2)直观性原则。直观性原则在幼儿园教育活动中有特殊意义，因为幼儿生

活经验贫乏，主要是通过各种感官来认识世界，通过直接感知认识周围事物、形成表象并发展为初级的概念。在指导幼儿进行美术活动时，教师要在幼儿直接感知客观事物、形成鲜明表象的基础上，进行绘画活动。

（3）审美性原则。依据美术教育的本质特点、美术的社会功能的具体要求，美术教育活动应强调对美的发现与感受，环境的创设应符合和提升幼儿的审美需求。教师在教学时，要随时注意以美的形象拨动幼儿心弦，从而陶冶幼儿的情感，培养幼儿良好的个性，引导他们在美术教学活动中感知审美对象的美学特征。

（4）系统原则。本学科内容应按照由近及远、由简到繁、由具体到抽象、由已知到未知的认知规律编排，具有由浅入深的连贯性，与其他学科纵横联系的逻辑性，并且照顾到幼儿认识客观事物、掌握知识技能的顺序性。教学活动要在幼儿原有的知识技能的基础上，向他们提出要求，逐步掌握新知识、新技能，以达到预期的教学效果。

（5）发展性原则，是指要处理好当前发展和长远发展的关系，形成学前儿童身心发展的可持续性。教师在教学过程中要注意在心理学、教育学的基础上，通过科学的指导，对学前儿童实施合理的美术课程，促进他们美术才能的发展。

（6）灵活性原则。教师在教学活动中会遇到复杂多变的情况，因此，制定教学计划时应尽可能地了解得深入些、实际些，使美术教学做到有的放矢。每次教学活动要尽量用多种设想、多种方法去因材施教，才能照顾到不同层次的幼儿。

2. 教学方法

（1）观察分析法，是指在教师的指导下，学前儿童通过多种感官感知事物的造型、结构、色彩等，然后对它们进行比较的一种方法。这种方法能够使幼儿获得鲜明、深刻、完整的视觉形象，激起绘画的愿望。

（2）讲解演示法，包括结合实物讲解和结合范例讲解。运用范例时要注意：运用范例要恰到好处，运用范例与进行讲解要有机结合，运用范例与进行演示要有机配合。讲解演示法又分为归类法、分解法和添加法。

（3）游戏练习法，就是通过游戏的形式，引导学前儿童在轻松愉悦的状态下，主动学习美术知识和技能，包括添画游戏、涂色游戏、构图游戏和智力游戏等形式。

（4）形象比喻法，就是对有些外形特征不规则的形象，借助学前儿童熟悉的具体事物的外形来比喻，帮助他们理解和表现。

（5）情境激励法，就是教师为学前儿童设置某种充满感情色彩的教学情境，以激励他们表现事物的主动性、积极性和创造性的方法。

（6）丰富联想法，是指教师在学前儿童美术教学活动中，引导他们在感知事物的基础上，通过回忆某种事物而联想到另一种事物的方法。

（三）学前儿童美术教学活动的实施过程

学前儿童美术教学活动的全过程都强调以游戏引发孩子的兴趣和满足表现的欲望。下面以“大家来跳舞”为例来分析教与学的实施过程。

（1）准备——包括经验和物质材料的准备。特别是学前儿童的前期经验，和教师的备课同样重要，不能出现教师个人准备是充分的，而学前儿童毫无思想准备的情况。因此，选择与主题活动相关的教学内容比较好。如“大家来跳舞”就是在班级开展“教师爱运动”主题活动中的一次绘画活动。

（2）导入——导入活动要生动、简明，引发学前儿童的兴趣，明确活动的目的，可通过看图片、观察实物、讲故事、玩游戏、猜谜语等活动形式进行。

（3）观察认知——通过观察、回忆、想象要表达的事物，在学前儿童的脑海里创建物象。如在“大家来跳舞”的活动中，学前儿童通过观察、模仿来分析各种舞蹈的动作、服装、表情。

（4）学前儿童的想法——在观察、认知之后，引导学前儿童表达对事物的认识和独到的见解。在“大家来跳舞”的活动中，学前儿童根据以前的和新获得的经验，想出要表现“千手观音、孔雀舞、王子和公主跳的双人舞、街舞”等等，每个人都有自己的想法。

（5）表达的方法——探讨怎样把自己的想法中的重点内容表现在画面上，包括如何构思、构图、造型等。

（6）重点指导——教师根据本次活动的目标，结合学前儿童的具体需要，有重点地进行指导，克服在学前儿童绘画过程中，教师不理解学前儿童的发展需要而无所适从的现象。如在本次活动中，教师根据目标，支持、帮助学前儿童“想得出来并要画得出来”。如小朋友在画千手观音时，画不出来手了，老师通过引导她观察、模仿这个舞蹈中手的动作，细致体会手的造型特点，学前儿童画出了第一只手之后，教师及时地鼓励，学前儿童画出一只又一只手。还有一名学前儿童想表现街舞旋转的样子，教师引导他在自己旋转的过程中体会旋转的动态，学前儿童在产生体验之后，表现出了跳街舞的动态效果。

（7）经验分享——每次活动孩子们都会获得不同的经验，可以通过采访、讲述、记录、张贴等多种方式分享学前儿童的有益经验。本次活动后，教师通过张贴、展示学前儿童的作品，让学前儿童介绍自己的见解等，分享大家的经验。

(8)延伸活动——学前儿童的新经验或一些想法,不能在一次活动中全部实现,可通过其他途径如活动区或其他活动继续完成。比如在“大家来跳舞”的活动中,就引发了学前儿童在表演区和美工区的一些活动。

第二节 学前儿童绘画活动的设计与指导

学前儿童美术教育活动的设计与指导必须遵循儿童生理、心理的发展规律。不同年龄段儿童的生活经验、表现能力和需求都在不断变化，活动内容和方法都应循序渐进。比如，当十来岁的孩子追求画得真实时，就可以接受素描训练了。过早则没兴趣，反而画“死”了；过晚，就会失去兴趣。儿童天真、无拘无束的想象和幻想正是儿童画的价值所在，不少绘画大师都为之倾倒。培养审美情操，许多功夫在画外，这就需要引导孩子们去观察社会，观察自然，热爱生活，扩大知识面，从而发现美、创造美，实现美术教育的价值系统。因此，顺应儿童生理、心理特点，设置科学的儿童绘画活动显得尤为重要。

一、学前儿童各年龄段绘画活动的特征

在学前儿童的绘画教学中，教师对不同年龄段的学前儿童应采取不同的教学方法，让学前儿童掌握必要的绘画知识，培养他们的绘画技能。

1. 小班学前儿童绘画特征

小班学前儿童处于涂鸦后期和象征期的早期，因此在造型上，他们所画的形象还不能表现物体的基本结构和特征。他们观察事物时没有明确的目的，观察顺序紊乱，往往构图凌乱。从形象的主次关系看，小班学前儿童常把物体一个个地罗列在纸上，而且每个物体都是孤立的，画面上的形象之间毫无联系，并且这些形象都分布在纸的边缘，原因就在于他们绘画时常常边画边转动纸张。

指导小班学前儿童绘画，应先从最基本的线条入手。为了让学前儿童产生

绘画兴趣，教师可给学前儿童讲一个有趣的故事，利用学前儿童喜爱的故事情节感染他们，让他们在教师生动形象、绘声绘色的讲解中得到启示。

2. 中班学前儿童绘画特征

中班学前儿童的绘画作品不仅表现出自己和事物间感情上的关系，而且还表现出空间的关系。从构图上看，此时的儿童作品中往往不止一两个形象，会有更多的形象。他们会把这些形象用排队的方式放在底线上，形成并列式的构图方式。他们绘画中的形象主题并不相关，表现出目的性的差异。对于物体之间的大小关系，他们也不注意，但已经开始试图把空间关系表现出来。可以说，这一阶段的学前儿童对于形象的分布及主次关系的处理能力有了一定的发展。

3. 大班学前儿童绘画特征

大班学前儿童绘画把技能与创造力两者结合起来。如果只重视技能，而忽视创造力培养，或忽略技能只追求创造，这样的教育观念都是片面的，会使学前儿童绘画能力的发展受到制约。教师应认识到，绘画技能的学习不能单独进行，应与学前儿童创造力的培养有机结合，在重视学前儿童绘画创造力的同时，让学前儿童学好绘画技能，用心绘画，展现内心的丰富情感和对世界的独特认识。

二、学前儿童绘画教学活动的设计

（一）学前儿童绘画教学活动设计的特征

1. 以主题的形式呈现课程内容

课程内容的呈现形式以贴近学前儿童生活经验和兴趣爱好的主题为线索展开，努力把学前儿童对绘画的喜爱、对美好事物的感受和欣赏、对各种操作方法和表现技能的学习等内容，根据课题的需要，适时、适当地渗透到每一次具体的活动当中。这样，孩子们的每一次绘画活动都成为与他们的经验和兴趣紧密相连的、有趣味的、有吸引力的活动。同时，包含一定的美术知识、技能要求在内的美术素养又隐含在一次次具体活动之中，学前儿童在感受、创作的过程中，慢慢地积累相关知识，获得技能，艺术感受和表达能力都得到提高。

2. 内容涉及学前儿童美术学习的方方面面

学前儿童的美术学习大致可分为欣赏和操作两个方面，操作又可分为绘画和手工两大类。该课程力求兼顾绘画、手工、欣赏活动。其中,欣赏活动一般不以专门的活动形式出现,而主要渗透在相应的操作活动中。

3. 课程内容由简单到复杂

在内容呈现的顺序上,该课程根据不同年龄段学前儿童的发展特点和操作表现的可能性,将绘画活动内容和涉及的技能技巧按照由简单到复杂、由易到难的顺序,作循序渐进式安排。同时,根据每一次活动的需要,同一类绘画样式及操作技能又会在不同学期反复出现,有助于学前儿童的表现能力得到螺旋式上升。

4. 涉及的操作材料多种多样

儿童的绘画学习过程应是一个尝试和初步学习使用各种工具,体验不同媒介的特性和效果,用纸或身边容易找到的各种材料,大胆地把自己的所见所闻、所感所想表现出来的过程。该课程涉及的操作材料丰富多样,而且容易获得。

(二)不同类型绘画活动的设计

1. 主题活动中的绘画活动

主题活动中的绘画活动是一种混合取向的美术教育活动,也是一种幼儿园综合课程框架下的美术教育活动。它以学前儿童的生活、经验、兴趣、需要为课程设计的主要依据,也力求兼顾美术学科的特点和内在要求。

这类绘画活动的目标通常既有知识、技能方面的,也有态度、习惯、价值观方面的;既有学前儿童一般发展方面的,也有美术学科方面的。活动目标和活动内容可以由教师确定,有时也可以由学前儿童根据自己的经验和需要来发起,因此有预设的一面,也有生成的一面。

以主题活动的方式开展幼儿园教育教学活动,是近年来我国幼儿园特别是城市幼儿园使用得越来越多的一种方式。它既能反映学前儿童教育的一些基本要求,给学前儿童一些必要的知识和技能,也能够在一定程度上兼顾学前儿童的兴趣与需要,学前儿童在活动中有一定的自主性和空间。

2. 综合艺术教育主题活动中的绘画活动

幼儿园主题活动的设计没有固定的模式,主题可以是整合所有领域和学科的,也可以是整合部分领域和学科的。综合艺术教育中的主题活动,就是整合了包括美术在内的不同艺术门类的一种主题活动。

3. 方案活动中的绘画活动

方案活动中的绘画活动是一种儿童兴趣和发展取向的美术教育活动，也是一种幼儿园综合课程框架下的美术教育活动。

方案活动中的绘画活动与主题活动的设计过程类似，也是“先内容，后目标”，即在设计方案活动中的绘画活动时，一般是先根据学前儿童的经验和兴趣确定活动内容，再根据活动内容设定活动目标，并且这种设定很可能是即时的、现场决定的，活动内容和目标都具有很大的灵活性和可变性。

以方案活动的方式开展幼儿园教育教学活动，在欧美国家比较多见。近年来，我国学前儿童教育受西方影响，尤其是受意大利瑞吉欧学前教育体系和美国生成课程的影响，一些幼儿园探索和实施方案活动，取得了一定的效果。

案例

方案美术教育活动——镜子里的自己

这是一节比较符合幼儿年龄特点、容易激发幼儿兴趣的美术课，利用照镜子来观察自己的五官，了解自己脸上有什么，再通过与别的幼儿比一比有什么不同，来让幼儿认识自己的特点。在认识自己的基础上，用绘画的方式表达出来，不仅锻炼了幼儿的绘画能力，也给幼儿带来了很大的乐趣。

【目标预设】

1. 通过观察，画出自己脸部的特征及服饰。

2. 认识自己，知道自己和别人的不同之处。

【重点、难点】

通过观察认识五官，发现自己与他人的不同之处，并把自己的样子画出来。

【设计理念】

小班的幼儿年龄小，对事物的观察能力有限，往往忽略了对自己的认识，所以我通过让幼儿们照照小镜子来仔细看看自己长什么样，再与别的小朋友比一比，脸上的五官有什么不同。通过对比，加深对自己面貌的认识，最后进入主要环节，让幼儿动手画一画自己，在画画的过程中巩固认识，画完之后我让幼儿猜猜画上的是谁，这一充满乐趣的环节可以让幼儿更感兴趣。

【设计思路】

1. 自己与别人在外貌上的不同。

2. 谈谈自己和同伴的兴趣、爱好等方面的不一样。

3. 照镜子观察自己。

4. 幼儿作画，教师巡回指导。

5. 幼儿观察图画，猜猜画面上画的是谁。

【活动准备】

1. 水彩笔，白纸，每人一份。

2. 每人一面小镜子。

【活动过程】

1. 比较自己与别人在外貌上的不同。

（1）教师提问：你的名字是什么？和别的小朋友一样吗？你们还有什么不同的地方呢？

（2）请幼儿找朋友，看看两个人什么地方不一样。（幼儿自由结伴，与同伴相互比较。）

2. 谈谈自己和同伴的兴趣、爱好等方面的不一样：我们除了长得不一样，还有什么不一样？

教师小结：我们除了长得不一样，喜欢的事情也各不相同。

3. 照镜子观察自己。

师：下面请小朋友拿出准备好的小镜子，我们一起来照照镜子，看看自己长得是什么样的，我们的脸上有什么？你和别的小朋友哪里长得不一样？

教师鼓励幼儿仔细观察自己的五官，徒手跟老师画一画自己的样子。

4. 幼儿作画，教师巡回指导。

师：小朋友们，画的时候要仔细，把五官画得大一点，清晰一点，这样才比较漂亮哦。

5. 幼儿观察图画，猜猜画面上画的是谁。

教师拿两幅幼儿的作品在大家面前展示，并请幼儿猜一猜这两幅画是哪两位小朋友。

（资料来源：http//www.jy135.com/jiaoyu/216962.html,2018-6-29）

三、学前儿童绘画教学活动的指导

（一）诱发学前儿童参与绘画活动的兴趣

小班

创设自由、积极的氛围，提供易于掌握、色彩鲜艳的绘画工具和材料，支持、鼓励学前儿童参加美术活动的愿望，使学前儿童在活动中感到快乐和满足。

中班

创设宽松的氛围，提供各种绘画工具和材料，支持、鼓励学前儿童用美术的方式表达自己的所见、所知、所想。

大班

支持、鼓励学前儿童主动参与各种美术活动，如绘画、纸工、泥塑、废旧物制作等，不断丰富活动中的体验。

（二）激活学前儿童的生活经验

小班

(1)支持、引导学前儿童对周围环境中常见的、形象突出的、色彩鲜明的事物产生兴趣。

(2)提供条件，引导学前儿童从具有鲜明色彩和简单造型的生活用品、美术作品及环境景物中获得美的感受，并用语言、表情、动作表达对美好事物的亲近和喜爱。

(3)为学前儿童接触周围环境和生活中的美好事物，如大自然、建筑、摄影作品等提供机会。

中班

(1)支持、引导学前儿童从生活用品、环境布置、节日装饰及四季景色中获得美的感受，并表达自己的感受和想象。

(2)提供题材接近儿童日常生活的美术作品，引导学前儿童认识作品所表现的事物，感受作品的美感特点，初步了解表现的方法。

(3)支持、鼓励学前儿童欣赏周围环境和生活中的美好事物，并乐于表达自己的感受。

大班

(1)支持、鼓励学前儿童主动寻找和观察周围环境和生活中的美好事物，不断丰富美的体验，大胆地用自己喜欢的方式表达感受，并对事物做出简单评价。

(2)提供贴近学前儿童生活经验的美术作品，引导学前儿童通过欣赏、认识作品所表现的事物和主题，感受作品的美感特点，了解作品的表现方法。

(3)鼓励学前儿童和同伴一起交流、分享，欣赏自己和他人的创造成果。

（三）教师引导并指导学前儿童进行绘画创作

小班

（1）通过画线、玩色、撕纸、玩泥等游戏活动，尽可能多地让学前儿童接触各种易于使用的工具材料，喜欢操作这些工具材料，逐步掌握它们的用法，进行自我表现。

（2）鼓励学前儿童运用熟悉和喜欢的图形、材料进行多种简单装饰。

小班手指绘画

中班

（1）提供各种美术工具材料（包括专门材料、自然物或废旧材料），鼓励学前儿童自由选择并正确使用它们，大胆进行表现，制作自己感兴趣的物品。

（2）引导学前儿童通过观察发现周围事物（如四瓣花、拉花等）中对称和重复等美的规律，并能按这些规律进行装饰。

（3）支持和鼓励学前儿童初步尝试运用绘画、制作等美术手段表达自己对规则的理解，由故事、儿歌引发的想象和科学探索过程等。

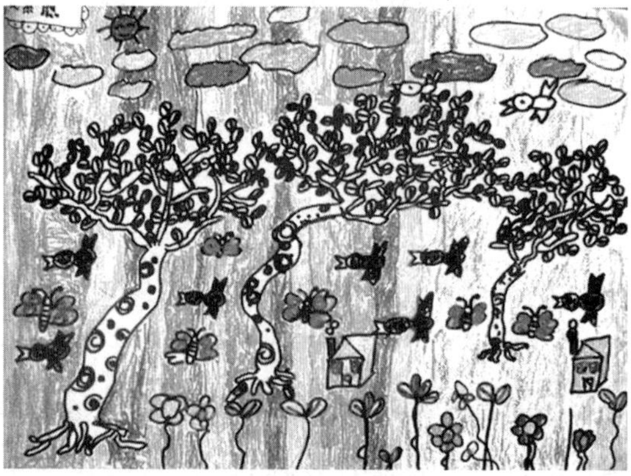

中班装饰线描画

大班

(1)创设宽松、接纳的氛围,支持和鼓励学前儿童用各种美术方式表达自己的所见、所知、所想。

(2)扩展和深化学前儿童对生活中各种事物的认识,鼓励学前儿童在美术活动中大胆、富有个性地将自己对事物的认识、情感表达出来,创作简单的情节作品。

(3)提供各种美术材料(包括专门材料、自然物或废旧材料)和工具,引导学前儿童感受它们的特性,尝试自主选择并利用它们的形状和质地大胆修改、添加、组合,设计和制作自己感兴趣的物品。

(4)引导学前儿童自主地发现和运用多种方法,如剪、贴、折、画等,装饰生活用品和美化环境。

(5)支持、鼓励学前儿童通过探索与尝试,用纸、绳、毛线等进行简单的编织。

(6)引导学前儿童收集各种可用于美术创作的工具、材料,并根据需要恰当选用。

(7)支持、鼓励学前儿童尝试运用绘画、制作等美术手段制订计划、规则,描述简单的故事情节,表达科学探索的过程和事物的发展变化等。

(四)客观、公平、合理地评价幼儿作品

恰如其分的评价能激发幼儿绘画的兴趣和对绘画的创作热情,让幼儿体验到成功的快乐。对幼儿来说,好的绘画作品要具备以下条件:

(1)作品要有孩子生活的亲身感受和生活的情趣;

(2)作品要有深刻的内涵和丰富的想象力;

(3)幼儿要学会使用绘画的基本技巧。

按照这些要求,教师在评价幼儿的绘画时应以积极、亲切、和蔼的态度,善于发现幼儿作品中表现出来的稚拙、独特的个性特征,进而激发和鼓励幼儿对于绘画的表现欲望,让他们的画笔在手中挥洒自如。

第三节 学前儿童美术欣赏活动的设计与实施

学前儿童美术欣赏活动是艺术教育的重要组成部分，也是他们全面发展的必由之路。综观当前的美术教育，还存在不少误区：其一，把美术教育等同于技艺教育，认为教孩子画出一幅美丽的图画就行了，把技能技巧的培养作为主要任务；其二，把美术教育作为智育的手段，忽略了美育的目的；其三，过多地迎合家长的审美观，往往为了使家长满意而过分地注重结果，忽略了儿童的发展。那么，在儿童美术教育活动中，采用什么样的形式与方法更有效呢？我们在美术教育实践中进行了一系列的探索。

一、学前儿童各年龄段美术欣赏的内容

美术欣赏是以艺术品为主要对象的审美活动，它强调审美价值，把对美术的学习、了解与欣赏作为美术教育的重要目标。

（一）小班内容：源于周围环境

1. 中、大班美术作品

根据教育目标，从幼儿的实际出发，选择中、大班幼儿的美术作品进行展示。如大班的美术作品《雨》：有一只打着雨伞的蜻蜓在寻找食物，雨用线条表示，雨伞和蜻蜓用不同图形表示。幼儿在欣赏中运用感官体验美，通过作品展开想象，运用语言交流个人的看法。

2. 创设美的环境

从生活出发，为幼儿创设富有审美情感色彩的日常生活、学习环境，在室内环境的装饰与布置上，注意色彩丰富，造型可爱，内容有情趣，符合幼儿的审美趣味，同时结合具体的美术欣赏活动目标进行环境创设。

在美工区中还可以展示一些自然界的具有形式美的物品，供幼儿欣赏，如贝壳、岩石、树叶等，让幼儿置身于审美环境之中，有助于幼儿审美能力的提高，发现周围的环境美。

可以让幼儿画秋天的树林，有红的、绿的、黄的……还可以指导幼儿根据对音乐的感受，选择不同的颜色表达自己的情感，如听到欢快的音乐，选择用红色、黄色等暖色表现。幼儿的这些作品都展示在活动室内，既美化了环境，又给幼儿提供了丰富的审美空间。幼儿可随时互相欣赏、互相评价，从而提高审美评价能力。

3. 结合季节特征

引导幼儿根据季节特征发现景物的变化，如秋天树叶的颜色变化，由绿变黄变红，或绿中有红、红中带黄等，丰富幼儿的色彩知识，教给幼儿一些美术欣赏的基本艺术语言，如变化与统一等。

（二）中班内容：联系生活经验

1. 与生活经验相关的名画

幼儿美术欣赏的目的不在于增长美术知识，而是通过环境和艺术作品两个方面来加深幼儿对周围事物的审美感受。当幼儿美术欣赏与幼儿的生活经验相联系时，幼儿才能理解艺术作品的内涵；当幼儿的生活体验与艺术欣赏相联系时，幼儿的审美想象才会得以释放。

水果丰收的季节，教师可以带领幼儿来到水果铺，看见铺子里摆放着各色水果：苹果、橘子、香蕉、石榴，什么样的水果才是新鲜的呢？幼儿认真地分辨着那些水分充足的果实。教师又带领幼儿来到法国艺术大师塞尚所画的《苹果和橘子》及其他水果作品面前，与大师进行精神上的交流。

2. 与动物相关的名画

教师可以根据幼儿喜欢小动物的特点，为中班幼儿准备一些富有生活情趣的作品，如齐白石的昆虫、小虾，吴作人的熊猫等。如欣赏《虾趣》时，作品中不同姿态的虾活灵活现地展现在幼儿面前,那透明的虾体,似跳、似游的动态,一下子就吸引住了幼儿。

3. 民间艺术品

民间艺术历史悠久,源远流长,种类繁多,如年画、剪纸等都是幼儿喜闻乐见的民间艺术,也可以作为欣赏的内容。

(三)大班内容:文化的积淀

1. 欣赏中国名画

中国名画中有大量的山水花鸟、风景静物作品。山水风景作品能激起幼儿对大自然的热爱,留心自然中美的事物,使幼儿情感世界变得丰富多彩。

2. 欣赏国外名画

以西洋画欣赏为例,早期印象派大师莫奈的《日出印象》、修拉的《大碗岛的星期天下午》、德加的《舞者》,后期印象派大师梵高的《星月夜》《向日葵》,立体主义大师毕加索的《三个音乐家》,绘画大师卢梭的《睡着的吉普赛姑娘》等作品,都是可以选择的。这些作品既有一定的形象可以识别,又在色彩、线条或者形态等绘画语言方面有突出的特点。

莫奈《日出印象》

修拉《大碗岛的星期天下午》

德加《舞者》

毕加索《三个音乐家》

卢梭《睡着的吉普赛姑娘》

马蒂斯《红色的和谐》

如欣赏冷暖对比明显的《红色的和谐》。这是一幅屋子一角的画面，画中用了很多的红色，如桌布、墙布等。在红色的桌布、墙布上装饰了许多蓝色的花卉图案。通过欣赏，幼儿很自然地感受到红色使人感到暖和、热闹，蓝色使人感到凉爽、安静。

梵高的《向日葵》色彩明快而热烈、饱和而辉煌，桌布、陶罐、花和花茎都用单线勾勒，极富装饰性。而雷东的《白瓷瓶里的花朵》则是用粉笔绘成的。画面中色彩斑斓的鲜花插在白色的花瓶中，色彩艳丽而明亮。幼儿在欣赏时，不仅学到了一些浅显的色彩知识以及施色技能，发展了他们的色彩潜能，也感受到了作品的不同风格。

梵高《向日葵》

雷东《白瓷瓶里的花朵》

3. 欣赏中国建筑

中国古代建筑具有悠久的历史和光辉的成就，还具有鲜明的民族特色。从建筑外观上看，最显著的特征是造型丰富的屋顶，在宫殿建筑中采用不同的形式，除了表现不同的等级外，也是为了使建筑形象有明显的区别，在对比中更鲜明。此外，从建筑装饰中色彩的使用来看，黄色琉璃瓦顶、朱红色柱子、屋檐下用青绿色略加点缀，能使建筑物显得富丽堂皇，给人们深切的感受。

二、美术欣赏教学的方法

教师在进行美术欣赏教学时，设计出生动活泼、灵活多样的活动，能使幼儿积极投入到活动中，从而达到欣赏的目的。

1. 语言交流法

语言交流法是指美术欣赏教学中，教师、幼儿与艺术作品三者之间的相互作用和相互交流，目的在于解决幼儿美术欣赏活动中教师长期占主导地位，用灌输法所带来的缺陷。

幼儿在美术欣赏、感知和理解方面表现出的特点是对作品内容的感知先于对作品形式的感知。当一件美术作品呈现在儿童面前时，他们首先感知到的是这件美术作品的内容，很少有意识地注意作品的形式审美特征。根据这一特征，教师引导幼儿了解作品内容时，可用提问的方式进行描述。

如让幼儿欣赏马蒂斯的《红色的和谐》。教师和幼儿坐在一起，共同欣赏作品，自由交流自己的感受。教师可用开放式的语言提问：小朋友，你在画中看到了什么？画面上，他运用了哪些线条？除了这些，你还看到了什么？

在描述中，给幼儿一定的时间进行独立欣赏，尽可能让他们畅所欲言，充分发挥他们的观察力、想象力和语言表达能力。经过充分的欣赏交流，幼儿对作品的冷暖对比、直线和曲线的运用有了自己的感受，从而提高了感受美、理解美的能力。

2. 活动表演法

活动表演法即根据作品的内容进行随意性的动作表演，从自身体验到的感受来加深对作品的外在特征和内在美的理解。

由于自身的发展特点，幼儿更喜欢用身体动作表达自己的感受。幼儿喜欢一件作品时，并不一定能说出为什么喜欢，他觉得喜欢就是喜欢。因此，教师可以用相应的音乐，让幼儿用动作表达自己的审美感受，从而培养幼儿的审美情感和审美评价能力。

如小班幼儿欣赏情节画《拔萝卜》时，先让幼儿表演拔萝卜的游戏，让幼儿多做几遍拔来拔去的动作，从中体验拔萝卜时身体的动作、表情等，然后再拿出情节画《拔萝卜》请幼儿欣赏。通过上述活动，幼儿对作品中人物的形象、姿态、表情等的欣赏就会收到良好的效果。

3. 看图配乐法

艺术教育的手段是多种形式的。教师把美术欣赏活动和音乐结合起来，可以促进幼儿审美素质的综合发展。

教师在美术欣赏课前先准备几首幼儿熟悉的音乐。当幼儿欣赏完美术作品后，让幼儿指出哪一首乐曲与欣赏的作品有关。如欣赏徐悲鸿的《群马图》后，给幼儿听乐曲《赛马》，幼儿很快指出了《赛马》和《群马图》都是热烈奔放的。

徐悲鸿《群马图》

4. 看图配诗法

诗歌、谜语等在欣赏动植物和自然环境中的美时会经常用到。如小班欣赏与小白兔有关的内容时，教师就会引用“小白兔，白又白，两只耳朵竖起来。爱吃萝卜爱吃菜，蹦蹦跳跳真可爱！”的儿歌帮助幼儿更好地了解小白兔的身体特征，了解它的生活习性。再如，在小班欣赏完小乌龟的模样后，就借用小诗“大圆是身体，脑袋小小的，身上有花纹，头上有眼睛，四条腿儿像花瓣，小小尾巴伸出来”来小结，既有助于幼儿理解、记忆乌龟的结构特征，又有利于幼儿进行有步骤的形象表现。

谜语一般在导入中引用，很有效地吸引幼儿的注意力。不管是诗歌、谜语还是小故事等，都可以在欣赏活动中灵活运用，甚至可以同步进行以加强感染力。

5. 游戏操作法

运用游戏操作法能让幼儿在有趣的活动中不知不觉地感受美术作品的特征，了解各种不同的美术形式和风格。

如在欣赏过一定数量的美术作品后，就可以组织幼儿玩“找朋友”的游戏，即把风格相同或相似的美术作品找出来归为一类。

还有拼图游戏，即把美术作品的复印小件固塑后，剪开作为区角活动材料，让幼儿在区角活动和自由活动时拼着玩。

6. 拟编故事法

教师请幼儿欣赏作品，然后自己创编故事，以加深幼儿对所欣赏作品的形式、内涵等的感受，发展幼儿的想象力和语言表达能力。如欣赏作品《鸡的一家》时，幼儿创编出了许多有趣的故事。其中有一个故事是这样的：鸡爸爸和鸡妈妈带着鸡宝宝到草地上玩，爸爸和妈妈亲热地交谈，鸡宝宝们在草地上愉快地翻着跟头，做游戏，捉虫子。因为爸爸和妈妈就在他们身边，他们一点也不怕被狐狸抓去，所以玩得开心极了！由此可以看出，通过欣赏、表述，幼儿已经体验到了小鸡一家幸福、快乐的作品内涵，并能用语言表述出来。

7. 评价作品法

评价应以儿童的自我介绍和幼儿间的互相评说和欣赏为主，采取多种方式来进行。如先画完的幼儿可以自由地把作品放在投影仪上，或放在展览角中展示，小声地互相评议和谈论。整个活动结束后，可以请幼儿欣赏别人的作品，挑出自己最喜欢的，并说说自己的看法。这样便于幼儿把对名画的欣赏经验迁移到对同伴和自己作品的欣赏中，使幼儿有一种自豪感和成就感。

例如，在评价《星夜》时，教师向幼儿提出问题，引导幼儿整体感受、理解整幅画：“你看完整幅画后感觉怎样？”“你喜欢这幅画吗？”当时，有小朋友说：“要是有小动物在上面就好看了。”说明幼儿通过感受作品后，有了自己对作品的看法，提高了审美趣味和鉴赏力。

8. 联系主题活动法

“探险家”活动中，一位幼儿带来一张小区新家的地图，立即引发其他幼儿画地图的欲望。教师适时地向幼儿介绍了克利的部分作品《鲁杰恩近郊的公园》《有黄鸟的风景》《阿拉伯城》《北边的房间》《热闹的港口》等。幼儿画着属于自己的地图，每张画作似乎蕴藏着许多秘密，如同一个神奇的世界。

9. 自由创作法

这是在幼儿欣赏之后并进行讨论、构思的前提下进行的。幼儿通过对作品的评价，在具有明确的目的性、指向性的审美欣赏活动中，自觉地积累审美经验，逐渐由低层次向高层次能动建构。教师在此时引导幼儿通过绘画的形式把自己对作品的感受表现出来，能使幼儿的审美心理、审美能力得到进一步发展。

如欣赏米罗《哈里昆狂欢节》后，教师尽可能地为幼儿提供多种媒介和材料供幼儿自由选择，使幼儿能够自由地以色纸剪贴的方式表现植物、动物尽情狂欢的情景。

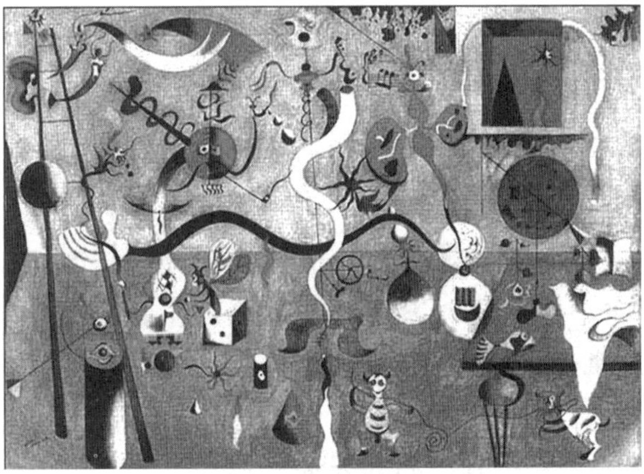

米罗《哈里昆狂欢节》

三、学前儿童美术欣赏活动的指导

1. 选择合适的欣赏内容

一般来说，幼儿比较适合欣赏一些抽象的作品，这些由线条、色彩和形状构成的画面留给欣赏者的想象空间很大，所以很容易引起幼儿的共鸣。比如奥托·奇科特的画，他的作品都是由单色或多色的线条狂乱地纠结而成，部分作品线条的舞动略有规律可循，其他的则是“手臂所能达到的地方就有活泼的线条”。他的画很容易引起幼儿的共鸣，用黑色的画笔把整张白纸涂得漆黑一片，在那“漆黑一片”的作品中，包含着怎样的故事呢？幼儿说，在一片大树林里，有很多小动物，有小白兔、小鸟、大象、松鼠、老虎，它们都是好朋友，在一起唱歌、做游戏，天黑了，它们唱累了，就在一起睡着了。你能想到幼儿的涂鸦竟然包含着这么丰富的想象力吗？

2. 创设多彩的审美环境

审美环境的创设包括：第一，教师应为幼儿创设富有审美情感色彩的日常生活、学习环境；第二，教师应结合具体的艺术活动创设与之相适应的审美环境，皮亚杰认为：“幼儿听到的东西越多，就越想多看多听。”第三，教师可以在活动室播放一些优美悦耳的轻音乐作为背景音乐，引起幼儿美好的联想。艺术是相通的，让幼儿运用多种感官参与欣赏，置身于优美的环境中，不但有助于提高他们的审美能力，而且有助于他们艺术创造性的发挥。

3. 关注幼儿的生活经验

美术欣赏涉及对美术作品形式的感受、意义的领会，作品背后还涉及人类文明的许多领域。丰富的经验是艺术创作的原材料，也是幼儿进行欣赏活动的基础。生活中处处有美，关键是你有没有去发现、去提升，所以教师在选择欣赏作品时，应考虑到幼儿的生活经验，关注幼儿的兴趣和需要。例如在欣赏蒙德里安的《百老汇的爵士乐》时，教师事先让幼儿听听美国百老汇的爵士乐，然后带幼儿参观马路，这样，幼儿在欣赏画面时，就能从这些黑色的线条和彩色格子中看到城市里的马路、汽车和迷宫。

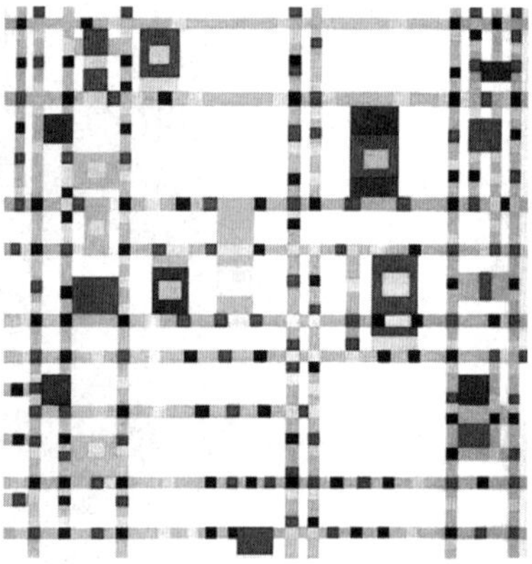

蒙德里安《百老汇的爵士乐》

4. 设计巧妙的引导语言

在引导幼儿进行欣赏活动时，教师应注意语言的运用。首先，教师要善于运用启发性的语言与幼儿进行对话。这类语言能开阔幼儿思路，启迪幼儿智慧。教师可以用“为什么？”“怎么样？”这类开放性的语言来向幼儿提问，引发幼儿积极的思考，而不是用“这幅画看起来真美，是不是？”这类封闭性的问题来提问。封闭性的问题往往使幼儿漫不经心地不加任何思考地回答“是”。其次，教师的引导语言要有艺术性。这类语言形式要多样，可以是一些形容词，也可以是谜语、儿歌、诗歌、童话等，其作用在于通过对对象的特点、色彩和构图等进行描述，帮助幼儿将画面上的外在形象进一步加工成完整的、鲜明的、深刻的视觉表象，从而调动幼儿的审美情感。

5. 尊重丰富的审美感受

欣赏活动就其本然状态而言，更突出地表现在它的体验性，而不是认识性。幼儿在欣赏具体的对象时，可能还说不出为什么美，美在哪里，却能感受到美，体验到美，获得一种情感上的满足。伟大的美术作品就像一个人，它在不同的时候、不同的情绪中，看上去是不一样的。教师不应用一种固定的眼光来欣赏它，也不应该试图穷尽对它的研究。幼儿有着独特的欣赏视角，他们不满足于表现看到的世界，而是借题发挥，抒发自己的情感。教师应充分肯定幼儿独特的想法，让幼儿大胆表达，而不应用自己对作品的理解去束缚幼儿的想象。

案例

梵高的《星空》

【活动目标】

1. 通过谈话欣赏活动使幼儿自由想象、大胆绘画，培养幼儿初步的创新意识；

2. 引导幼儿选择适当的方法、颜色表现星空。

3. 培养幼儿的审美情趣，激发幼儿对艺术活动的兴趣。

【重点与难点】

激发幼儿自由想象，大胆地表现多彩的星空，培养幼儿表现想象中的星空及组织画面的能力。

【活动准备】

视频仪。梵高的作品《星空》。绘画工具材料若干。

【活动过程】

1. 对话交流

师：你见过美丽的夜空吧？夜空中有什么？你知道星星是什么样的吗？

幼儿小组交流教师提出的问题。

幼：有熊星、飞机星、机器星……

2. 欣赏名家、教师的作品

①首先欣赏梵高的《星空》。请幼儿谈谈自己的感受。教师重点引导幼儿欣赏画面中的形象、笔触及色彩。

②欣赏教师的作品：教师眼中的星空是五彩缤纷的，有菊花星、仙女星等等。教师重点引导幼儿观察自己是如何表现星空的，如何把想象的星空用画笔描绘出来。

3. 交流与创作

①教师引导幼儿相互交流想象中的星空是什么样的。

②幼儿动手绘画，教师重点观察，辅导幼儿绘画。

4. 作品评议

面对幼儿的作品，师生共同欣赏评价。

活动结束。

（资料来源：http://www/jy135.com/jiaoyu/189466.html，2018-6-29）

第四节 学前儿童美术手工活动的设计与指导

美术教育不仅包括绘画活动，还包括手工制作活动和美术欣赏活动。幼儿手工活动对于发展幼儿手眼协调能力、培养创造力及耐心、细致等个性品质有极其重要的意义。然而，幼儿手工制作活动的开展及其教育方法还不及幼儿绘画活动完善，对现有的教育方法进行反思，不断发展和完善，就更有利于促进幼儿全面和谐的发展。因此，在儿童美术手工活动中恰当地运用各种教育方法和策略，使孩子通过手工活动获得身体、智力、情感、个性的全面和谐发展，具有十分重要的意义。

一、学前各年龄段儿童美术手工发展的特点

学前儿童手工是学前儿童美术创作的一个组成部分，然而对它的研究远不如对学前儿童绘画的研究广泛和深入。目前已有研究发现，学前儿童手工创作的发展也经历了与绘画发展大致相同的过程，且有其自身的阶段特征。

1. 无目的活动期(小班)

这一时期的学前儿童不能有目的地制作形象。在泥塑活动中，他们只是手握油泥或拍打油泥，时而掰开，时而揉成一团，享受油泥或黏土的触感以及形态的变化感。这一阶段的后期，他们能制作出代表一切固体(人、动物、房子等)的圆球。这与学前儿童在图形涂鸦阶段用大大小小的圆来代表一切事物是完全一致的。

在剪纸活动中,学前儿童开始不知道剪刀的用途,拿起来就玩。在成人指导下,他们逐渐会拿剪刀,但不能正确使用,纸和剪刀不能配合,纸张常常被卡在剪刀里或从剪刀里滑出。慢慢地,他们才会剪出一些奇形怪状的纸片。在粘贴活动中,学前儿童也不清楚糨糊的作用,不会使用它。

总之,这一阶段的学前儿童还没有明确的表现意图,只是满足于手工操作的过程,享受着自主活动的快感,体验工具和材料的特性。

2. 基本形状期(中班)

这个时期相当于绘画中的象征期。学前儿童已由无目的的动作逐渐转变为有意图的尝试,常常在制作开始时就宣称他要做什么,然后才开始制作。

在泥塑活动中,学前儿童进入用泥团圆、搓长的阶段,出现的是与绘画中的直线形式相对应的棒状形式,其意义仅限于表示事物的方向和长度。到了本阶段的后期,棒状出现了粗细、长短的变化,能塑造出所要制作的物体的基本部分之间的连接物,但只是形体的机械相加,整体感不强。有时他们会添加一些辅助物,使形象更加逼真。此时的学前儿童由于手的动作发展不够成熟,还不能很好地表现物体的细节。

3. 样式化期(大班)

这一时期的学前儿童表现欲望很旺盛,他们喜欢用各种工具和材料进行制作,以表达自己的意愿。在泥塑活动中,学前儿童能搓出各种弯曲的盘旋的棒状物,并用棒状物以一定的角度倾斜相交成三度式样。他们还能塑造出立方体和圆柱体,并会用棒状物组合的方式组合一些复杂的物体。在连接方法上,能用较为流畅的方法连接,使制作的物体成为一个有机的整体。此时学前儿童已会借助辅助工具来表现物体的细节特征。

在剪纸活动中,这一阶段的学前儿童不仅能连续剪直线,而且能双手配合着剪曲线。由于能顺利地剪直线和曲线,此时他们基本上能剪出自己所希望的形状,如窗花等。

在利用纸盒进行的立体造型中,学前儿童不仅能通过剪、挖、接合、粘贴等技巧进行构造,还能对作品进行细节的装饰,如给作品着色等,力求更完美地表现。

二、学前儿童美术手工教育的目标

1. 小班学前儿童手工教学活动的目标

2—3岁儿童手工教学活动的目标是以纸张的折叠、粘贴为主，后期可增添泥等软性材料，重在动手，不在造型、创造。

(1)引导儿童参加手工活动，体验手工活动的快乐，培养他们对手工活动的兴趣并愿意尝试各种手工工具和材料，培养儿童安全、卫生、整洁的手工活动习惯。

(2)引导儿童学习用糨糊、胶水等粘贴沙子、种子等点状材料。

(3)引导儿童学习撕、拼贴、折(对边折、对角折)、印等操作，训练手的控制能力。

(4)引导儿童体验可塑性材料(泥、橡皮泥等)，学习用搓、团、压、黏合等方法塑造简单的立体物象。

2. 中班学前儿童手工教学活动的目标

3—4岁儿童手工教学活动的目标是在折叠、粘贴的基础上，开始接触工具。结合绘画的学习，进行简单的造型练习。

(1)引导儿童正确使用简单的手工工具和多种材料，使他们喜爱各种手工活动。

(2)引导儿童用丰富、复杂的点状材料(如木屑、纸屑、泡沫屑等)粘贴出简单的物象。

(3)引导儿童在小班的基础上学习用纸折出(按照中心线折、双正方折、双三角折)、剪贴出简单的物象。

(4)引导儿童在小班的基础上学习用捏的方法塑造简单的立体物象，并学习用连接的方法组合对象。

(5)引导儿童初步学习用其他点状、线状、面状和块状的自然物和废旧材料制作玩具。

3. 大班学前儿童手工教学活动的目标

5—6岁儿童手工教学活动的目标是儿童能自己选择合适的工具，合理运用多种材料，具有一定的立体表现力、创造力。

(1)儿童能较熟练地自己选择、使用相应的工具和材料，并能尝试使用各种新的工具与材料。

（2）引导儿童学习用多种材料、多种形象组合成整体作品，表现简单的情节，创造性地表现自己的意愿。

（3）引导儿童综合运用各种工具、材料和技法制作各种有使用价值的作品。

三、学前儿童美术手工活动的内容

（一）平面手工活动

平面手工活动主要是指学前儿童对手工工具和材料进行操作，制作出平面手工作品的活动。学前儿童的平面手工活动主要有粘贴、剪贴、撕贴、染纸等形式。

1. 粘贴

概念：是指用现成的点状、线状、面状材料粘出或贴出具有浮雕感的或平面画面的活动。

目的：主要是让儿童在学习粘与贴的手工技法的过程中，知道并能运用点状、线状和面状材料等制作成浮雕状或平面的各种画面。

粘，大多是用点状材料来进行的；贴，大多是用天然的或加工过的线状或面状材料来进行的。

粘贴作品

2. 剪贴

概念：是指运用剪刀将面状材料剪成所需形象后贴出平面画面的手工活动。

目的：主要在于学习使用剪刀，锻炼儿童的手指肌肉动作的灵活性，发展儿童手眼协调能力。因此，剪贴活动的重点在“剪”。

材料：各色纸（报纸、旧挂历、色纸、铅画纸、皮纸、牛皮纸），布、树叶等也可用作剪贴的材料。

剪贴作品

3. 撕贴

撕贴也是学前儿童手工活动的常见形式。其目的是最大限度地锻炼学前儿童的手指肌肉动作及其控制能力。它与剪贴的最大区别在于：撕贴把手指作为工具，利用双手手指的配合来撕出所需形象，再贴成平面的画面。

用手撕出来的形象，其轮廓线蓬松、柔软、毛茸茸的，具有自然、浑厚、稚拙的独特美感，这是其他造型手段所无法比拟的。

撕贴作品

4. 染纸

概念：是指用吸水的纸和水性颜料通过渍染和点染的方法染出色彩美丽的纹样的活动。

目的：在于让儿童在学习染的技法的过程中，了解、感受色彩位置排列所造成的变化。

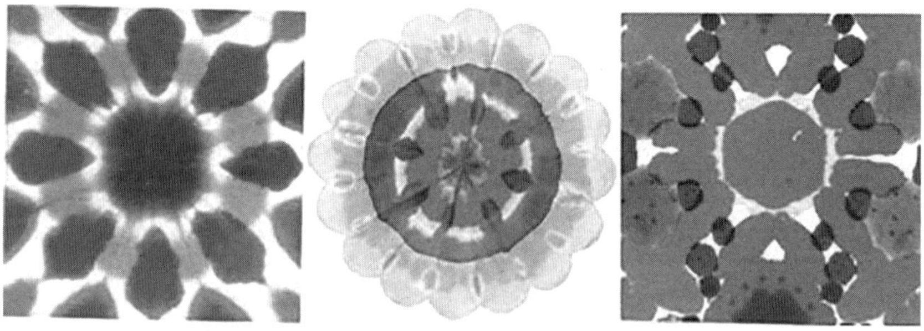

染纸作品

（二）立体手工活动

立体手工活动主要是指学前儿童对工具和材料进行操作，制作出立体手工作品的活动。学前儿童的立体手工活动主要有泥塑、折纸、厚纸制作和废旧材料及果蔬等的制作。

1. 泥塑

概念：是通过双手的活动将泥塑造成立体形态的物体形象的活动，是学前儿童最常见的立体手工造型活动。

目的：在于锻炼儿童的手指肌肉动作的灵活性，发展儿童的手眼协调能力，培养学前儿童的空间知觉能力。

材料和工具：主要有黏泥、橡皮泥、面团、泥工板、竹刀以及其他辅助材料。

泥塑作品

2. 折纸

概念：利用双手的活动将纸折叠成立体的形象的活动，是我国民间传统手工活动之一，其特点是利用几何形造型。

目的：锻炼学前儿童手的动作的灵活性，培养他们的目测能力、空间知觉能力和对图形变换的思维能力。

材料：折纸取材方便，白报纸、挂历纸等薄而有韧性的纸均可用来折叠。

折纸作品

3. 厚纸制作

概念：是指运用卡纸一类略硬的纸，通过剪、折、贴、组装等技法制作出三维形体的活动。

目的：帮助学前儿童通过制作活动，认识纸从平面形态到立体几何形体的变化规律，同时，发展其空间知觉能力、联想能力、造型能力。

由于厚纸制作有一定的难度，最好在幼儿园大班进行。

厚纸作品

4. 废旧材料及果蔬等的制作

概念：是指利用废旧日用品或水果、蔬菜等自然物，通过联想“因材施艺”地进行建构，制作出立体形象的活动。

目的：培养学前儿童的想象力、创造力；利用废旧材料来制作，也可以培养他们有目的、有计划地进行工作的能力。

由于制作过程对儿童手腕力量和手指灵活性的要求较高，因此，废旧材料及果蔬等的造型活动大多在幼儿园大班开展。

四、学前儿童美术手工活动的指导

(1)提供必要的手工活动的技能。
(分部练习 + 整体练习)
(2)收集多种手工材料，提供必要的手工工具。
(因意选材 + 因材施艺)
(3)选择合适的手工题材。
(年龄特征 + 季节性 + 弄清原理和步骤)
(4)提供与手工材料、工具接触的机会。
(产生兴趣 + 愿意操作)
(5)引导学前儿童积累丰富的表象，积极地展开联想。
(展开想象 + 动手创作)

案例

圣诞节的帽子

【活动目标】

1. 进一步学习粘贴技能，能将材料贴在纸面上，养成良好的粘贴习惯。
2. 通过游戏让幼儿喜欢美工活动，体验到成功的快乐。

【活动准备】

1. 长条卡纸、图形彩纸、糨糊、抹布。
2.《铃儿响叮当》的音乐伴奏，订书机，皮筋。

【活动过程】

1. 音乐游戏：找朋友。

师：我们都有好朋友，老师请宝宝们去找找你的好朋友和他抱抱，好吗？

2. 学习粘贴图形。

认识纸张和图形。

师：瞧，这里也有两个好朋友，它们也想抱在一起，是谁？（出示卡纸）大大的卡纸。

（出示彩纸）这是什么纸？彩纸。它是什么形状的？

这里还有一些图形，它们是什么形状的呢？（出示方形、三角形、心形）认识这几种图形和颜色。这些图形想和卡纸做朋友，它们怎样才能贴在一起呢？什么能帮助它们？（糨糊）

教师示范粘贴。

我们来试试：蘸一蘸，抹一抹，啪——擦一擦。

请个别幼儿上来粘贴。提醒图形要分开一点，不要叠在一起。

那边还有许多卡纸和图形纸，请你们也去贴一贴，做一做，好吗？

3. 幼儿操作，粘贴图形。（轻声播放关于圣诞的歌曲）

4. 变魔术。

卡纸还会变魔术呢，瞧它会变成什么？（教师示范做一顶圣诞帽）

圣诞节马上就要到了，我给大家变了一顶圣诞帽，漂亮吗？你们想变顶圣诞帽吗？那我们请老师变一下。请人帮忙要说："请帮帮我。"

5. 幼儿请老师装订圣诞帽。

6. 戴上圣诞帽一起过圣诞节，老师给小朋友拍照欣赏。

（资料来源：http://www.jy135.com/jiaoyu/216020.html,2018-6-29）

【小结】

以美术为主的综合性艺术活动设计与指导包括绘画、手工、美术欣赏教学活动，要充分认识各年龄段儿童的绘画特征、手工特征、审美特征，把握每个年龄段儿童的绘画、手工、审美教学目标，设计并实施与之相应的教学计划。

思考与练习

设计一个以端午节为主题的学前儿童手工活动教学方案，要求结构完整，逻辑严密，符合学前儿童心理及生理的发展需求。

【应用与实践】

1. 以《手指彩虹糖》为主题，撰写美术教学活动过程，要求逻辑清晰、完整具体。

2. 设计一套结构完整的主题美术教学活动。

3. 撰写一篇关于毕加索名作《格尔尼卡》的美术欣赏教学活动方案。

第6章

学前儿童舞蹈的设计与指导

舞蹈作为一种以人体动作来表现的艺术活动，是人类审美活动的集中表现，是培养人们审美兴趣、提高人们审美能力的有效途径和有力手段。在生活当中我们只要留心观察就不难发现，几乎每个孩子在开心时都会手舞足蹈地表达自己的情感。而舞蹈这一直观性、可感性强的艺术，又恰好符合孩子们的身心发展、天真活泼、模仿性强等生理、心理特点，促使舞蹈成为幼儿最喜爱的艺术活动之一。

【学习目标】

1. 通过舞蹈的系统学习，获得舞蹈知识与技能，提高认识美、掌握美、表现美的艺术品质；

2. 通过科学的训练纠正自然体态，克服弯腰驼背等不良的身体姿态；

3. 通过规范的训练，使学生的力量、柔韧性、控制力、稳定性、协调性、灵活性等身体各方面的素质得到提高。

【学习重难点】

实现学前儿童舞蹈兴趣的培养、兴趣的持久、过程的普及教育和全面的素质提升。

【知识结构图】

- 学前儿童舞蹈的设计与指导
  - 学前儿童舞蹈课程设置和指导
    - 学前儿童舞蹈的目标
    - 学前儿童舞蹈课程设置
    - 学前儿童舞蹈课程教师的要求
  - 学前儿童舞蹈的内容和标准
    - 第一阶段：兴趣培养课程（3–4岁）
    - 第二阶段：认知培养课程（4–5岁）
    - 第三阶段：素质提升课程指导（5–6岁）
    - 学前儿童舞蹈教学展示指导

第一节
学前儿童舞蹈课程设置和指导

教师要选择具有教育性而又不失艺术性、趣味性的音乐进行编舞，从歌词到音乐，从结构到风格，音乐和舞蹈本身必须能吸引学前儿童。由于学前儿童舞蹈具有直观性、模仿性和童趣性的特征，这就要求教师在选择舞蹈音乐的时候，既要照顾到学前儿童的年龄特点、生理心理特点，又要考虑到音乐对于舞蹈性质的定位。学前儿童舞蹈教师要有较强的舞蹈理论基础和教学基本功，要不断提升自己的专业水平，才能适应并达到社会和家长对幼儿教师不断提出的新要求。

一、学前儿童舞蹈的目标

通过初步的舞蹈技能训练，使学前儿童对舞蹈有所了解，让他们学会跳舞，提高对舞蹈艺术的欣赏能力，传承中国文化。

通过舞蹈音乐感知的训练，让学前儿童学会听音乐，找到音乐节拍，做到音乐与动作吻合，从而达到身体动作在音乐中协调优美地表现。

通过舞蹈身体素质的训练，强健体魄，培养刻苦的精神，纠正自然体态，增强坐、立、行、走、舞形体上的协调性、灵活性和美感。

二、学前儿童舞蹈课程设置

3—6岁学前儿童的舞蹈训练，要从生理发育角度考虑训练的幅度，从心理发育角度考虑训练的难易，从年龄角度考虑训练的愉悦性，因此，课程内容的设计应循序渐进，全面、系统、专业地设置课程，从而达到训练的目的。

3—6岁学前儿童舞蹈训练，可以分为兴趣培养、认知培养、素质提升三个阶段，明确每个阶段的教学任务、学习目标、课时安排，使学生在经过系统、专业的训练后，身体素质得到全面发展。

3—6岁学前儿童舞蹈训练，授课内容应从教材的基训部分和舞蹈部分进行全方位的训练，同时还应增加训练的趣味性，让儿童乐于接受训练。

3—6岁学前儿童舞蹈训练，应每年定期为孩子举办教学汇演及公演活动，形成"教师汇报、孩子展示、家长检验、学校评价"的教学评价体系。通过展演及赛事活动平台，增强孩子的自信心，促进身心健康发展，让孩子发现美、认识美、欣赏美和创造美。

三、学前儿童舞蹈课程教师的要求

（一）3—4岁：兴趣培养课教师

（1）具有专业水准，热爱教育事业，热爱学生，对于所教授的专业类别、专业内容有全方位的了解和精通的掌握。

（2）具备很好的示范能力，能将年级教学任务如音乐节奏、队形变化、动作规范、舞蹈韵律、组合风格等准确地教给学生，能让学生学会并好好地掌握。

（3）具有很好的表达能力，善于培养学生的学习兴趣，让学生接受舞蹈课，能有序地组织教学。

（二）4—5岁：认知培养课教师

（1）具有专业水准，对于所教授的专业课程有设计能力，能根据教材展开全面的教学，得到学生的喜爱。

（2）对教学有实施能力，在教学过程中，能卓有成效地让学生完成教学任务。

（3）具有爱心，用心、负责地关爱每一个学生，耐心细致地教授每一个学生，尽心尽责、公平地对待每一个学生。

（三）5—6岁：素质提升课教师

（1）具有专业水准，具有创新的能力，在组合编排上，在动作设计上，体现风格、体现韵律。

（2）具有为人师表的能力，在教学过程当中的一举一动、一言一行能起到示范引领作用，让自己的口传身授对学生产生影响，使学生较为全面地学习和掌握舞蹈。

（3）具有进取之心，不断学习，提高自身专业和理论水平，总结教学过程中的不足，及时调整，达到更高成效。

第二节
学前儿童舞蹈的内容和标准

在学前儿童舞蹈教学过程中，教师应该重点激发学前儿童的兴趣，使其在这个基础上学习一些基本的舞蹈技能。要选择适合学前儿童年龄特点的题材，包括充满童趣、生动活泼的舞蹈语言和动作。舞蹈教师的示范动作必须生动形象，在教学过程中要注意运用优美的语言。

一、第一阶段：兴趣培养课程（3—4岁）

这一阶段重点培养学前儿童学习舞蹈的兴趣，让他们认知舞蹈、了解舞蹈、感知舞蹈。在教学设计中突出学前儿童的主体地位，考虑从教学情境、生动示范、游戏教学等三个方面采取措施，激发学生学习舞蹈的热情。教学内容安排可采用局部练习、节拍练习、舞蹈训练等有趣的方式，吸引学生的兴趣，让他们逐步喜欢舞蹈，愿意学习舞蹈。

（一）年级教学目标

认识身体的基本部位（头、颈、背、腰、臂、手、膝、踝、趾），并对这些部位进行松弛、伸展和灵活的训练，训练儿童颈立、背直、站直，学会听音乐并按节拍做动作，学年完成10~11个训练组合，让他们带着愉快的心情学习舞蹈，喜欢舞蹈。

(二)年级教学大纲

身体部位认知训练 (头、颈、背、腰、臂、手、膝、踝、趾)	手部训练 前腿训练 旁腿训练 胯部训练 腰部训练
音乐节拍训练	节奏训练1 节奏训练2
姿态训练	坐姿训练 方位训练 走步训练
综合训练	综合小舞蹈训练

(三)学生性格特点分析

该年龄段学生活泼好动,自控能力较差,情绪不稳定,好奇心强,喜欢被表扬,喜欢模仿。

(四)一节示范课教学设计

该年级的课程设计应从学生的年龄、骨骼的发育、智力的发育出发,一节课分为趣味性、协调性、乐感训练几个部分完成,可教授3个训练组合。

1. 示范课的组织

(1)首先通过走步组合排列好课堂队形,让学生了解上舞蹈课的基本站队排列,了解到什么是在有队形的基础上学习动作,在第一节课打下课堂规范的基础。给学生排队可以按照个子的高矮,根据学生的数量,进行横排排列。待学生熟悉后,可每节课前后排、左右排进行换排上课,确保每一个学生都能学习到老师的动作,得到老师的关注。给学生排队,也可以用组合的形式进行排列。选取节奏鲜明的短曲,把学生带入课堂。

(2)接下来做手部动作训练。结合在排队训练中运用到的走步动作,使学生分清自己的左脚与右脚,接下来通过手部动作训练,让学生认识自己的左手与右手,随后进行节奏训练。

(3)孩子的节奏感要在舞蹈当中进行训练,在舞蹈当中强调音乐的重拍、弱拍,通过音乐的各种节拍来逐步训练他们的节奏感。通过不同节奏的训练,配合各种肢体动作,孩子在愉快的心态中接受舞蹈教育,同时找到音乐节拍,把动作与舞蹈有机地结合起来。

2. 走步训练组合演示

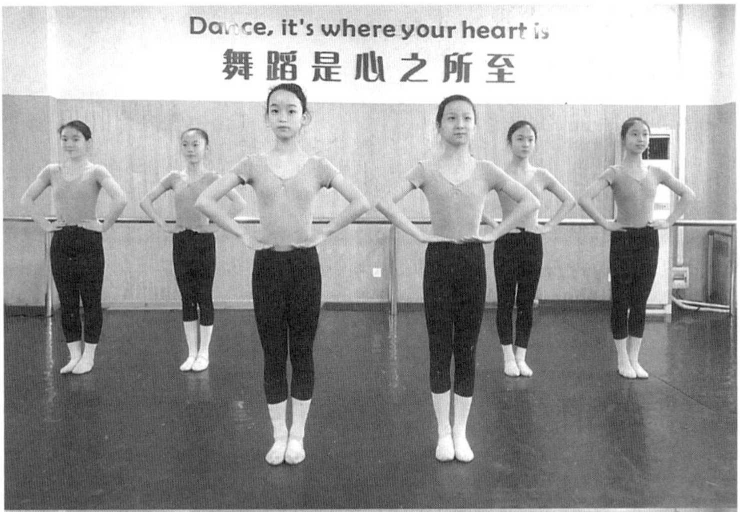

前奏准备动作：正步位，双手叉腰，身向1点。

1—4小节：右脚开始，自然走每小节8步。

5—6小节：走步同时双手旁平位打开。

7小节：屈膝1次、右倾头1次。

8小节：原地正步位，双手叉腰，耸肩4次结束。

3. 示范组合训练目的

通过简单的走步训练，给学生排列好上课队形，把学生引入上课的氛围，同时，通过走步训练学生身体直立，找到身体的左与右，学会听音乐做动作。

(五)示范课小结

通过3个组合的训练,发现学生在学习过程中出现的问题,在接下来的新课中及时纠正调整,进行复习巩固。

第一阶段年级教学重难点如下:

(1)重点:用一年学时解决学生颈立、背直、站直的问题,学会听音乐并按节拍做动作。

(2)难点:教师在教授动作和队形的排列中难易要适中,组合的设计要有趣味性,着重训练学生听音乐并合上节拍做动作。

二、第二阶段:认知培养课程(4—5岁)

这一阶段的学生有了学习舞蹈的兴趣,课程中要设计坐姿、压腿、脚位及舞蹈组合训练,让学生充分、正确地运用自己的身体,掌握自己的身体,使学生在柔韧性、模仿能力和表现力方面都有所提高。舞蹈小组合的训练,能培养学生的想象力和创造力,从而进一步提高舞蹈表现力,使学生更加喜欢这门课程,达到课程训练的目的。

(一)年级教学目标

学生达到颈立、背直、腿直、脚绷等要求,认识教室的基本方位,从地面勾绷脚、压腿、踢腿、跪起腰等,逐步进入简单软开度、力度的训练,培养学生载歌载舞的习惯,养成听音乐做动作的习惯,学年完成10~11个训练组合。

(二)年级教学大纲

地面腰腿训练	坐姿训练 压前腿训练 压旁腿训练 压后腿训练 腰部训练
教室方位训练	音乐反应训练 手位、方位组合
局部能力训练	扩指训练 脚位训练 蹦跳步训练
综合训练	舞蹈小组合

（三）学生性格特点分析

该年龄段学生处在基础的认知期，对周围的生活和环境充满好奇心和求知欲，对舞蹈课有了初步的认识，注意力集中时间较短。

（四）一节示范课教学设计

要遵循学生的心理和生理特征，由浅入深、循序渐进地推进教学内容。一节课的内容应包括软开度训练、力度训练、舞蹈训练三个方面，针对学生每一块肌肉、每一条韧带、每一个舞姿和每一次音乐训练，为学生学习舞蹈打下基础。

1. 示范课的组织

按照年级教学任务的要求，解决学生颈立、背直、腿直、脚绷等问题，逐步进入简单软开度训练。可用前压腿的动作进行活动训练，再做旁压腿、后压腿训练，逐步拉伸和活动开腿部的韧带，再进行舞蹈训练，学会组合主干动作1~2个。

2. 压前腿训练组合演示

前奏准备动作：正步位勾脚伸坐，双手扶地，面对面，双手点肩，点头，上位伸直至俯身双人手拉手。

1—2小节：双人手拉手，一人前压腿，另一人上身直立。

3小节：节奏快一倍。

4小节：同1—2小节。

5小节：同3小节。

6—7小节：双人手拉手俯身前压腿。

8小节：上身直立，双手经上位至旁斜下位伏地，结束。

3. 示范组合训练目的

通过前压腿训练让学生初步完成颈立、背直、腿直、脚绷等要求，活动前腿的韧带，为旁腿和后腿软开度的训练打下基础。

（五）示范课小结

一节课完成前、旁、后地面压腿动作的训练，学生觉得腿很累，接下来进行舞蹈的训练，在音乐的配合下，在上、下身动作的配合下，全身得到锻炼，学生很开心。

（六）第二阶段年级教学重难点

（1）重点：前、旁、后腿部和腰部软开度训练。

（2）难点：第二年的训练，在解决该年龄段基本软开度的同时，注重上下身协调配合的训练、舞蹈动作与音乐吻合的训练，让学生听音乐配合节拍做动作，培养载歌载舞的习惯。

三、第三阶段：素质提升课程指导（5—6岁）

这一阶段是素质提升阶段，在对学生身体各部位进行训练的同时，也要加强基本功训练和舞蹈的训练，培养学生做到动作协调、节拍准确，舞蹈时手动眼随，从认知舞蹈、感受舞蹈到学会用肢体语言较准确地展现舞蹈，逐步学会跳舞。同时，帮助学生树立勇敢和自信，培养学生团结友爱的合作意识。

（一）年级教学目标

熟悉围绕自身的基本方位，逐步进入简单、规范的基本功训练，加强学生软开度、力度的训练，指导和鼓励学生准确地用动作去体现节拍，舞蹈时有自娱感，有表现力，将手动眼随贯穿其中，学年完成10~11个训练组合。

（二）年级教学大纲

基础部分训练	勾绷脚训练 手腕训练 肩部训练 地面前、旁、后腿训练 地面腰部训练
姿态、能力训练	吸跳步训练 蹦跳步训练 站姿训练
节奏训练	音乐反应训练
综合训练	舞蹈小组合

（三）学生性格特点分析

该年龄段的学生个性有了明显的表现，自律意识增加，对舞蹈课程有了较为熟悉的认知和掌握。

（四）一节示范课教学设计

以教授舞蹈训练组合为主，从单一的动作训练，到针对重难点的着重练习，再到音乐与动作、舞姿的协调配合，设定合理的教学步骤，让学生不感到枯燥，从而掌握动作要领，学会动作。

1. 示范课的组织

明确教学目的，以舞蹈训练为主，先通过前、旁、后腿及腰部动作训练，拉伸并活动开韧带关节，接着教授舞蹈组合的主干动作，着重训练重难点动作，再进行分段练习、队形排练，最后完成组合。

2. 舞蹈训练组合演示

前奏准备动作：正步位站立，双手自然下垂。

1小节：第一拍迈出右脚，上身前探，同时双手扩指手型于双肩前，右左四次摆胯，双分手别经上位落至下位。

2小节：右左四次摆胯，同时分别右手点肩和左手点肩一次，再向旁平位伸出。

3小节：右手扶胯，左手旁斜上位伸出扩指手型。四次向右摆胯。

4小节：右脚旁踵步两次，四次吸跳步，双分手别经上位落至下位。

5小节：右吸腿向旁落至大八字位，双手经胸前打开到双肩前。

6小节：5小节的反面动作。

7–8小节：双人面对面，自己胸前击掌一次，相互击掌两次，脚下配合蹦跳两次。

9小节：双人手拉手，右脚开始走步四次，吸跳步相互更换位置。

10小节：还原1点方向正步位站立，双手旁按，右、左旁踵步两次。

11小节：交叉盘坐，双手前下位伸出，双抱肩结束。

3. 示范课舞蹈训练目的

通过舞蹈训练，例如队形、动作的变换，学生的上、下身协调配合得到充分训练，提升表现力，增加身体的韵律感，感受到舞蹈的美，全身心都得到锻炼。

（五）第三阶段年级教学重难点

（1）重点：该年级段学生应该把基本功的训练和舞蹈组合韵律的训练穿插结合，对学生做全面的身体训练。

（2）难点：舞蹈训练组合难度加大，每一个动作都将手动眼随贯穿其中，训练学生面部的表现力和动作的协调美感。

四、学前儿童舞蹈教学展示指导

深入推进学前儿童舞蹈教育，能够进一步提升学生的艺术修养与综合素质，为学生提供艺术实践的舞台，使他们拥有更多的展示机会，同时彰显学校的办学水平与办学特色。

（一）教学展示目的

为学生搭建一个全方位、多元化展示自我的平台，为学生学习舞蹈、相互交流和实践创造提供机会，提高学生学习舞蹈的兴趣与热情，培养学生感受美、欣赏美、创造美与表达美的综合性艺术修养与能力。

（二）教学展示内容

（1）舞蹈学员：各年级舞蹈班均参加教学汇报展示；

（2）舞蹈形式：独舞、双人舞、三人舞、集体舞；

（3）舞蹈种类：民间舞、古典舞、芭蕾舞、拉丁舞、爵士舞、街舞；

（4）奖项设置：

学生奖项：一年级（金1、银2、铜3、优秀不限）；

二年级（金1、银2、铜3、优秀不限）；

三年级（金1、银2、铜3、优秀不限）；

教师奖项：最佳指导奖、优秀指导奖、创意创新奖。

(三)教学展示的要求

(1)组织教学汇报展演能培养孩子的表演能力,使孩子们不怯场,表现力强,拥有更好的心理素质,所以教师在教授的时候应以鼓励和表扬为主。

(2)教学汇报展演也是检验教师教学质量的依据,教师排练的舞蹈节目应因材施教,认真对待。

(3)组织教学汇报展演,应从主题、形式、时间、地点、节目数、展演时长等方面做充分的策划和组织,确保安全第一,顺利完成,达到展演的目的。

【小结】

学前儿童通过三年的舞蹈训练,身体的柔韧性、控制力、协调性、灵活性和表现力等方面得到大幅度提高,学生灵活自如地运用肢体语言,准确无误地结合在音乐当中,展现出身体、动作的美和表现力的美,让学生自己也感受到了舞蹈的美。舞蹈训练促进了学生的生长发育,增强了身体素质,改善了自然形体,训练了身体的协调配合,开发了学生的想象力和创造力。舞蹈教学展演使学生在舞蹈排练和展演过程中,培养团队合作和良性竞争的意识,也培养了学生吃苦耐劳、乐观积极的精神,还开阔了眼界,增强了自信心。

思考与练习

1. 学前儿童舞蹈课教师要满足哪些条件?
2. 学前儿童舞蹈课教学展示有什么要求?

【应用与实践】

根据学前儿童舞蹈的内容和标准,设计学前儿童舞蹈教学活动。

第 7 章

儿童剧的设计与指导

儿童剧是一种融合了文学、音乐、舞蹈、美术等艺术成分的戏剧表演形式，以3—6岁的儿童为主要观赏人群，通过让儿童体验和观赏角色达到教育的目的。儿童剧作为整个戏剧文学的一个组成部分，具有一般戏剧文学的艺术特征，但是由于儿童观众的年龄、心理特征以及由此产生的独特审美需求，它又具有自己的特殊性。由于儿童爱“看戏”，也爱“演戏”，因此儿童剧活动的设计必须体现“有效教育”的价值，也要因地制宜设计儿童剧教育目标，同时必须进行戏剧表演基础的训练。

【学习目标】

1. 了解儿童剧活动的内涵、类型和教育目标；理解并掌握儿童剧的设计与指导原则和方法。

2. 能设计儿童剧教学活动，并会做相应的指导。

【学习重难点】

1. 掌握儿童剧的设计与指导方法，学会设计儿童剧活动，并做相应的指导。

2. 通过儿童剧的表演和演练，提高幼儿的想象力、理解力和团队意识。

【本章知识结构图】

- 儿童剧的设计与指导
  - 儿童剧的特点与教育目标
    - 认知目标
    - 能力目标
    - 情感目标
  - 儿童剧活动的设计与指导原则
    - 要求
      - 体现“有效教育”的价值
      - 因地制宜设计儿童剧教育目标
      - 进行戏剧表演基础的训练
    - 原则
      - 角色先行是核心
      - 即兴扮演作重点
      - 开放式剧场为基础

第一节
儿童剧的特点与教育目标

戏剧是学前儿童生命特征的体现。创造性戏剧不强调表达与表演的技巧，而重视探索与发现的意义，让儿童有机会用自己喜爱和擅长的方式去表达对世界的想法，是一种充满欢笑与想象的游戏。因此，儿童剧活动应依据《纲要》和《指南》中的目标，从各个年龄阶段幼儿的发展水平出发，选取具有教育性、趣味性、艺术性的戏剧作品作为设计与指导内容，设计完整的活动方案，确保活动的顺利开展和实施。

一、儿童剧的含义

马克·斯坦福在《戏剧》一书中说，戏剧就是当着观众的面将一个故事表演出来。这个故事就是一出戏，由演员将它演绎出来。戏剧具备三个要素：演员、故事和观众。儿童剧作为戏剧的一种，具有戏剧的基本要素。儿童爱“看戏”，也爱“演戏”，儿童剧在儿童教育中起着不可忽视的作用。那么，什么是儿童剧呢？

儿童剧是学前儿童教育活动的重要组成部分。它是以3—6岁的儿童为接受对象，以人物对话为主，通过演员扮演角色、运用动作表演故事情节来反映社会生活、刻画人物形象的舞台艺术，融合了文学、音乐、舞蹈、美术乃至灯光、服饰等多种艺术成分。

最初，人们将儿童剧教育理解为一种以培养和展示儿童的表演技巧为目的的表演活动。随着教育理念的不断更新以及研究的不断深入，戏剧教育已经走向日常的游戏与生活。儿童剧教育不再是一种表演技能的培养与展示，更多的是一种体验活动，包括对角色的体验、对优秀文学作品的体验、对生活的体验、对音乐的体验等。对于学前儿童而言，儿童剧教育更是一种想象与探索活动，它是开放的，能够使学前儿童超越文本进行大胆想象与探索，并创造性地运用动作、语言、表情来充分展现自己对表演内容的理解。

二、儿童剧的艺术特征

儿童剧是整个戏剧文学的一个组成部分，它具有一般戏剧文学的艺术特征，遵循一般戏剧创作的普遍规律，但又具有自己的特殊性。这些特殊性来自儿童观众的年龄、心理特征以及由此产生的独特审美需求。

（一）单纯性

儿童剧的题材很广泛，可以反映现实生活，也可以取材于历史；可以叙写美丽的神话传说和童话，也可以展现未来的科学幻想境界；可以描绘少年儿童的活动，也可以表现成年人的生活。但是儿童还未完成形象思维到抽象思维的过渡，并且几乎没有社会生活经验，因而无法进行复杂的推理、演绎，成人戏剧中复杂的人物个性、纷繁的人物关系乃至深奥的哲理等，他们是无法理解的。儿童难以理解的复杂的人事纠葛，结婚、恋爱等具体细节，阴暗残酷的犯罪心理等，不宜在儿童剧本中出现或过分渲染。儿童剧《马兰花》有表现爱情的主题，但作者把这种感情处理得纯真而美好：圆月当空，银光满地，随着歌声笑声，漂来了马郎迎亲的彩船，在幽静的小河边，小兰和马郎以及动物们一起愉快地跳舞，形成了欢乐的高潮。婚姻爱情对孩子来说比较费解，但这里并没有过分解释，而只给他们一种热烈欢快的感觉。但是，儿童剧的单纯性绝不是单薄和简陋，而是相对于成人戏剧来说比较简单。

（二）表演性

儿童天性活泼好动，这就要求儿童剧不能像成人戏剧一样有大段的叙事或抒情性的独白、独唱或纯理念的对话，而要有表演的空间。这种表演空间重点体现在动作上。比如儿童剧《“妙乎”回春》，小猫“妙乎”有很多引人入胜的动作，“翻过身蒙头大睡”；“边吃东西边翻书”；“就在书上睡”；误诊小兔的红眼睛为出血病，叫它上红药水；误诊小牛反刍为胃癌，要磨大菜刀做手术；误诊鹅冠为脑癌，也要开刀……最后，小鹅将小猫诊为“未老先衰病”，小鹅、小兔、小牛拿绳子将小猫的胡子拔掉。这些动作都非常夸张，但是趣味性很强，表演性也很强，能够很好地吸引儿童们观看。

(三)故事性

故事性对于儿童剧来说至关重要。儿童看戏，总是从有趣的故事出发，首先是引人入胜的故事吸引他们，然后才在欣赏这有趣故事的过程中，逐渐去认识一个一个的人物。这里所说的故事性，主要是指剧本里核心事件的发生、发展、高潮和结局整个过程。儿童剧各个环节的衔接要紧凑，层次应清楚，不能像成人剧那样有主线、副线或明线、暗线。比如容曜编剧的独幕儿童剧《妈妈在你身边》，全剧只有一条线索、一个头绪、一个悬念，即一个擦皮鞋的男孩被抓，一个女孩去营救，从始到终，一贯到底，层次清楚，一目了然。但是从幕启到剧终，小观众始终都在戏剧特定的情境中，和剧中人物同悲同喜。剧中的情节安排了三起三伏：男孩跳墙而入——一起，被女孩藏在被单后——一伏；警察发现皮鞋油盒——二起，女孩支吾应付——二伏；警察掀被单——三起，被单后无人、警察走——三伏。三起三伏之后，结尾又一起，男孩被抓走形成高潮，点明主题。从几起几伏中，可以看出情节不是平行的，而是逐步上升的、发展的。起，一次比一次紧张；伏，一次比一次松弛，有密有疏，安排得非常恰当、巧妙。

(四)趣味性

成功的儿童剧都是在趣味性上下足了功夫的。因为作家写儿童剧很可能是为了教育儿童，而孩子看戏多半是为了娱乐。他们在这个年龄段，特别需要欢笑，需要感动，需要新鲜感。儿童剧是否具有趣味性取决于题材是新是旧、情节是曲是直、人物是活生生的还是概念化的、语言是干巴巴的还是充满个性的。如张天翼的儿童剧《大灰狼》，写狼想吃羊，有这样一段台词："谁都对我不怀好意，连我的肚子也不跟我好了，只要我躺下，我的肚子就'咕咕咕'地叫，把我吵醒，我对它还是挺和气的。我问它：'肚子，肚子，你闹什么？'我肚子说：'哼，还问呢，你不摸摸，看我瘪成什么样儿！我要吃羊，没羊；我要吃牛，没牛。跟你当肚子可真倒了霉，还不如去跟小耗子当肚子哩。'"这段独白既表现了狼的凶残性格，又符合孩子的心理，富有儿童情趣。还可利用道具、场景设计来体现趣味性。比如《"妙乎"回春》中，开幕时的场景是芭蕉叶盖的房子、灯笼辣椒形的椅子、豆荚形的长凳、苹果和香蕉拼成的电话，迅速把儿童带到趣味盎然的童话世界。

三、儿童剧的类型

根据表演形式的不同，儿童剧可以分为歌舞剧、童话剧、儿童话剧、木偶剧和故事表演等。

歌舞剧是综合音乐、诗歌、舞蹈等艺术形式，一般以演唱、舞蹈为主要表现手段的小型歌舞剧，如黎锦晖的《麻雀与小孩》。

童话剧是以童话故事为题材的儿童剧，通过幻想的艺术手段创造童话人物和童话境界，曲折地反映儿童生活，如郑渊洁的《魔方大厦》。

儿童话剧以儿童的生活故事为题材，以对话、表情和动作为主要的表现手段。其结构一般比较短小，内容浅显，剧情单纯中有妙趣，明快中有曲折，如柯岩的《小熊拔牙》。

木偶剧是用木偶来表演故事的一种艺术。木偶剧具有独特的情趣，可以表现人在舞台上做不到或难以做到的动作，产生滑稽、夸张的效果，如《小刺猬背西瓜》。

故事表演是在儿童学会复述故事的基础上，由教师组织、指导儿童参加的一种演出活动，是一种文学和游戏相结合的综合艺术活动，如《熊猫百货商店》。

四、儿童剧的教育目标

在语言表达不够丰富流畅或无法恰当表达的情况下，身体动作是学前儿童最擅长的“语言”。一部儿童剧的编排过程包括编剧创作、导演排练、演员表演与观众接受等内容，因此，儿童剧活动不是培养戏剧表演能力的技能教育，而是以戏剧艺术素养启蒙为核心的审美教育，是让儿童有机会用自己喜爱和擅长的方式去表达对世界的想法，不强调表达与表演的技巧，而注重探索与发现的意义；不需要为了取悦他人而表演，而是充满欢笑与想象的一种游戏。因此，儿童剧教育具有以下目标：

（一）认知目标

认知目标在儿童剧活动中，主要包含戏剧知识和戏剧话题的认识。

戏剧知识主要包括角色、情节、对话、场景、装扮、剧本等内容。学前儿童限于生理、心理的发展，学习这些内容比较吃力，我们可以将这些目标分解为一个个开放性问题，比如“你扮演的角色是什么？”“这个角色平时是怎么说话的？”“它有哪些自己独有的动作？”“它平时是在什么地方生活的？”这些都可以帮助儿童理解剧本及剧本知识。

每个戏剧作品都有自己的话题，而这个话题就是为了解决人与人、人与自然、人与社会等方面的知识而设置的。比如儿童话剧《小丑和公主》就体现了人与人之间和谐相处的话题，圆鼻子小丑用他们的独白和对话演绎了一段寻找公主、逗公主开心、关心公主的故事。

（二）能力目标

儿童剧活动着重培养儿童的理解能力、思考能力、语言表达能力、身体表达能力和表演能力，这是一段身体与心灵的对话，是儿童身体与心灵的和谐之旅。因此，儿童剧活动的能力目标包含三部分：思考能力、表达与表演能力和合作能力。

思考能力是基础。没有思考，就不能很好地扮演一个角色。戏剧剧本转化为行动表演，一定是在内在思考的基础上完成的。戏剧情节、戏剧冲突更加需要思考。尤其是戏剧冲突的思考，往往能够让儿童进入价值的思考，从而在其中找到自己的位置。

表达能力的高低能够准确地评价一个儿童是否具有表演能力，因此表达能力和表演能力在一定程度上是相通的。表演能力对于学前儿童来说不是必须具备的，表达能力是表演能力的铺垫和基础。

儿童剧活动是集体活动，是需要合作的艺术。学前儿童在儿童剧活动中处于相互合作的位置，各种想法的融合、不同角色的分工与合作都需要相互协作才能完成。因此，儿童剧教育活动能够自然而然地提高儿童之间的合作能力。

（三）情感目标

儿童剧教育活动中，儿童都是以一定的角色身份来参与活动，因此儿童既要有对角色的理解，还要有对角色的情感体验，还要能够表现出来。这个时候，儿童参与活动的兴趣能有直观的表达。

由于儿童剧活动的目标具有一定的特殊性，因此还可以分解为四个纵向层次，即总目标、年龄阶段目标、主题目标、具体戏剧的活动目标。

第二节 儿童剧活动的设计与指导原则

儿童剧是以儿童生活主题为主的戏剧类型，依照儿童年龄、心理、审美及性格特点进行创作。儿童剧的创作过程，除了遵循一般戏剧创作的普遍规律之外，还需要考虑到它的一些特殊规律。

一、儿童剧活动的设计与指导要求

（一）体现"有效教育"的价值

儿童的进步和发展是衡量教育效益的重要指标，因此，儿童剧活动应从幼儿园实际出发，全面深入贯彻《纲要》精神，体现"有效教育"的价值，为实现教育目标采取有效的活动设计与指导方案。因此，儿童剧活动的设计与指导内容应该包含两个方面：一是了解儿童剧的文化、种类、表演形式等内容；二是发挥其独特的教育作用，将儿童剧作为教育方法、教学手段整合和实施的内容。

（二）因地制宜设计儿童剧教育目标

每个幼儿园的实际情况不同，我们在设计幼儿园儿童剧教育目标的时候，除了要引进并理解国外先进的教育思想，还要根据本地区或本园区的实际情况，根据儿童的心理发展水平来进行。同时，还应考虑各年龄段儿童的戏剧表演能力、动作和语言的发展水平等。

（三）进行戏剧表演基础的训练

由于大部分儿童都很少接触到儿童剧表演，因此必须进行必要的戏剧表演基础训练。

戏剧表演基础训练包括两部分：一是基本功训练，包括气息练习、声音练习和字音练习等；二是表演训练，包括观察力训练、音乐感受力训练、情感体验训练、动物模仿训练和即兴表演训练等。

二、儿童剧活动的设计与指导原则

儿童剧活动的设计与指导，要始终坚持“儿童第一”的原则，一切从儿童的实际情况出发，以“儿童需要”为导向，坚持角色先行是核心、即兴扮演作重点和开放式剧场为基础。

（一）角色先行是核心

对于学前儿童来说，他们还没有具备真正意义上的观众意识，因此我们应该把剧本从表演中分化出来，顺应儿童剧的创作过程，角色先行，首先探索“我是谁”“我扮演的角色是什么”“我扮演的角色喜欢什么”。

首先，在儿童剧中，每个学前儿童最关心的就是“我是谁”，也就是“我”将要扮演的一个年龄、长相、动作都和原来的“我”不一样的角色。如儿童剧《小熊拔牙》里，儿童要把自己想象成小熊、熊妈妈、白兔医生、小兔护士、小狗、小花猫、小公鸡、小老鼠、小鸟，甚至还有牙虫。其次，角色的塑造需要深入了解角色是什么样的，也就是说，这个“我”长什么样？动作是怎样的？怎么说话的？平时走路是什么样子？这个时候就可以运用图画、视频甚至老师模仿的形式让儿童了解角色的具体情况。最后，准确塑造角色还要明白这个角色喜欢什么，这是对角色进行的深入探索。可以通过一些开放性的问题进行探讨，比如喜欢吃什么，喜欢做什么，喜欢和谁一起玩等。只有运用这一系列的问题，学前儿童才能开动思考和想象，提升对角色的认同感，从而学会“代入”角色。

（二）即兴扮演作重点

通常情况下，我们会看到儿童一边兴高采烈地设计角色，一边情不自禁地手舞足蹈，其实这就是一种即兴扮演。虽然他们还没有走向舞台，但是对于他们来说，这样的表演更放松，更富有想象力，也更加生动流畅。因此，对于儿童剧活动的设计与指导来说，很多时候教师要遵循儿童这种先说、先演而没有剧本的特点。比如演出《小熊拔牙》，可以先告诉他们里面的角色，然后让儿童根据不同的角色进行“代入”，即兴扮演，体会不同角色的语气、表情，从而发展表演能力。

（三）开放式剧场为基础

戏剧在萌芽阶段是没有严格意义上的剧场的。剧场是在演员需要明确的表演空间、观众需要舒适的观看位置时才出现的，也就是说，剧场是伴随着演员与观众的分离而出现的。但是剧场有明显的缺点：一是空间封闭，舞台与观众被截然分开；二是身份封闭，角色是固定不变的，演员就是演员，观众就是观众。应用到儿童剧中，很可能会出现一个孩子在很长一段时间内只能扮演一种角色，而家长参与度不高，只是作为观众的现象。因此，儿童剧作为一种能够促进儿童全面发展的活动，应该拥有一个开放的剧场，让剧场演出成为开放型的学习活动，让儿童可以不断调整自己的演出经验，进行再创造。

第三节
儿童剧精品案例与分析

儿童喜欢表演和模仿，不管语言上还是肢体动作上，通过戏剧情境体验更具有代入感，容易让幼儿投入情境中。幼儿参与戏剧活动，能提高他们的动手能力、思维能力、执行能力、表达能力、组织能力以及创造力。

一、幼儿园小班儿童剧精品案例分析

（一）案例一：《彼得与狼》

1. 活动准备

先让幼儿了解《彼得与狼》这部音乐童话剧，找出不同乐器的声音，如长笛（小鸟）、圆号（狼）、弦乐（彼得）、木管小号（猎人）等。试着让幼儿表演故事中不同的动物和人物的形象，赋予幼儿无尽的想象，激发幼儿的兴趣。

2. 具体做法

◎准备工作

（1）配有音乐的故事。

（2）蜡笔、纸。

（3）大森林的图片。

（4）对乐器有一定的了解。

◎步骤

（1）初步欣赏。

师：在遥远的大森林里发生了一件事，你们听听里面有谁？发生了什么事情？（出示大森林图片，完整欣赏音乐，引导幼儿想象。）

（2）再次欣赏。

师：听到里面有谁？

（3）思考不同音乐像什么。

师：有哪些乐器代表这些人和动物？

（出示乐器PPT，了解名称，引导幼儿将角色和音色配对。）

◎初步表演音乐故事

（1）做故事角色的道具。

（在了解不同音色代表不同角色的基础上，和老师一起制作角色道具，如头饰、面具、指偶等。）

（2）观摩老师表演。

看老师用与幼儿一同制作的道具进行表演，加深幼儿对故事的印象。

（3）分组分角色表演。

幼儿分为三到四组，每组中都包含完整的故事角色（彼得、狼、爷爷、小鸟等），自主挑选角色道具，与同伴一起听音乐，参与表演。

【活动建议】

（1）注意引导想象，可鼓励幼儿用肢体动作表现；

（2）尽量把所扮演角色的特征表现出来；

（3）幼儿尽量与同伴保持一定的距离，便于模仿。

（资料来源：http://www.jy135.com/youerjiaoyu/xiaobanhuodong/xiaobanyishu/s9567.html,2018-6-29）

（二）案例二：《数豆豆》

1. 活动准备

在班级播放《数豆豆》这首歌曲，引起幼儿的兴趣，让幼儿熟悉歌曲内容，同时鼓励幼儿看一看、说一说、做一做。在音乐的引导下，尝试用肢体表现"大兜兜"和"小豆豆""一长串豆豆"的造型。教师可以和小朋友一起随着音乐节拍唱歌。

2. 具体做法

◎导入活动：玩一玩"数豆豆"游戏

（1）教师出示一个浅浅的盘子，里面有若干颜色鲜亮、大小适中的豆豆，请小朋友看一看这些豆豆，描述豆豆的样子（教师可提示："圆溜溜"的）。教师事先告诉幼儿，这些豆豆是和小朋友玩游戏用的，不是吃的，做完游戏老师再给小朋友一些干净的豆豆吃。

（2）教师伸出食指，一下一下“点豆豆”，同时完整地清唱歌曲一遍：“一、二、三、四，数豆豆，豆儿豆儿圆溜溜，五、六、七、八，哎呦呦，装进我的小裤兜。”唱完歌曲，教师将几个豆豆放进裤兜，问小朋友：“豆豆装到哪里了？……装了几个豆豆？”小朋友猜一猜。教师从裤兜里拿出豆豆，放在透明袋子里，和小朋友一起数一数装了几个豆豆。

（3）小朋友们变变变，变成各种各样的豆豆，做出不同的豆豆造型，说说自己是什么样的豆豆。教师变成一个大兜兜，玩一个“点豆豆”的游戏。教师走到幼儿面前，和小朋友一起伸出食指，从第一个幼儿开始，随着音乐节拍边唱歌边一个一个点小朋友，歌曲唱到最后一句“装进我的小裤兜”，老师张开手臂“装”小朋友，大家一起数一数“装了几个豆豆”。

◎游戏：“豆豆钻兜兜”

（1）接下来请一名幼儿在圈内一下一下“点豆豆”（点小朋友），“装豆豆”（双臂张开抱小朋友），“数豆豆”（数一数“装”了几个小朋友），接下来再由这名小朋友请下一名小朋友继续游戏，3—4名幼儿依次进行。

（2）请两名配班教师手拉手搭成小桥的样子，变一个“大兜兜”，教师也变成“豆豆”和所有“小豆豆们”拉着衣服变成“一长串豆豆”，大家一起边唱歌边用脚一下一下踏着节拍从“大兜兜”下面钻过，唱完歌曲最后一句，两名配班教师放下手“装豆豆”，数数一共装了几个“豆豆”。请客人老师当“大兜兜”，所有小朋友和客人老师一起唱歌玩游戏。

◎结束活动：跳个“豆豆舞”

播放音乐，客人老师和小朋友一起跟着音乐边唱歌边跳“豆豆舞”，结束活动。

【活动建议】

（1）请2—3名表演能力强的幼儿，带领其他幼儿模仿学习，关注其肢体的细节；

（2）教师可以根据歌词创编相应的动作；

（3）小班幼儿初次接触戏剧表演，在动作表现上不是很明显或夸张，需要老师多鼓励，让幼儿大胆表现。

二、幼儿园中班儿童剧精品案例分析

（一）案例一：《小老鼠和泡泡糖》

1. 活动准备

一只小老鼠，在妈妈睡午觉的时候悄悄溜出去玩。它跑几步就左看看、右看看，跑几步又左看看、右看看。小老鼠来到了草地上，一不小心，踩到了一个黏乎乎的东西，是什么呢？泡泡糖。它赶忙用手去拽，拽来拽去，拽来拽去，泡泡糖像根绳子一样把小老鼠捆了起来。一只猫冲了过来，小老鼠吓得飞快地跑回了家。

2. 具体做法

◎听音乐，激发表演兴趣

师："小朋友你们看，今天谁来了？（出示老鼠的手偶）嗯，这只小老鼠在妈妈睡午觉的时候，偷偷溜出去了，会发生什么事情呢？我们一起来听。（欣赏音乐）

提问：小老鼠偷偷溜出去玩，究竟发生了什么事情？（幼儿自由回答）

◎听故事，了解故事情节

教师用布偶边表演边讲故事。

◎形象模仿

（1）幼儿随音乐模仿老鼠跑、左右张望的动作。

（2）随音乐表现形象，做出小老鼠玩泡泡糖的样子，体验泡泡糖的弹性和玩泡泡糖的乐趣。

◎随音乐快乐创编游戏

（1）集体游戏：请幼儿随音乐完整进行游戏，掌握游戏玩法。

（2）创编游戏：说说自己喜欢的小老鼠形象，创造性地玩游戏。

◎讲卫生，增强环保意识

（1）泡泡糖不乱扔：提问：吃完的泡泡糖放哪里？引导幼儿养成讲卫生的好习惯。

（2）大家一起来洗澡：幼儿随音乐自由表现洗澡的动作，并和同伴互动，感受洗澡的快乐。

【活动建议】

(1)先欣赏每一段音乐,可让幼儿跟着音乐做不同的行走动作;

(2)幼儿的想法很多,只要想法合理,教师要予以接纳,此时教师要关注幼儿的表达。

(二)案例二:红绸秧歌舞

1.活动准备

红绸秧歌舞是秧歌中具有代表性的一种舞蹈,它欢快奔放、淳朴热情,能够很好地诠释人们在丰收等重大场合中的喜悦心情。舞蹈选用的是一首传统民间音乐,节奏活泼欢快,变化丰富,能带给人们欢快喜庆的情绪。本活动带领幼儿走进红绸秧歌舞;引导幼儿在活动中丰富民族认知。

2.具体做法

◎导入

(1)师生谈话,激发幼儿对秧歌的兴趣。

(2)欣赏秧歌舞蹈作品《红绸舞》,初步了解红绸秧歌舞的表演形式与特点,丰富幼儿的动作语汇。

师小结:红绸秧歌舞是我们中国民间流传的一种秧歌舞蹈,音乐热闹、欢快、喜庆。每年秋天庄稼丰收的时候,还有过大年、正月十五闹花灯的时候,人们开心极了,就会聚集在一起手拿红绸跳起秧歌庆祝,表达自己快乐、激动的心情。

◎展开

(1)初步学习在身体下方、两侧、头上方舞动红绸的动作。

鼓励幼儿模仿、探索上肢舞红绸的方法。

邀请3名幼儿逐一展示动作,引导其他幼儿观察、学习。

引导幼儿重点学习红绸在身体下方、两侧、头上方舞动等动作。

探索学习下肢基本步和上下肢配合练习。

师:"在挥舞红绸时,我们脚上还走什么样的步子,我们一起来做一做好吗?"(教师哼唱乐曲,引导幼儿练习)

教师哼唱乐曲,引导幼儿由下肢动作自然过渡到上下肢配合练习动作。

师:"我们一起来做,一二三四……红绸子前边甩,红绸子两边甩。"

带领幼儿完整表演作品，发展幼儿动作的随乐性和协调性。

教师哼唱乐曲，带领幼儿完整地做动作。(一遍)

带领幼儿随音乐完整地做动作。(一遍)

(2)继续尝试创编舞动红绸舞的动作，挑选协调性好的幼儿展示舞动红绸的动作，带领大家模仿学习。

(3)鼓励幼儿随乐曲随机、自由表演红绸舞，体验自由创编舞蹈的乐趣。

【活动建议】

活动前老师可以做好铺垫，如放关于秧歌的各种图片视频，让幼儿观察并模仿，一起参与红绸的制作。

三、幼儿园大班儿童剧精品案例分析

(一)案例一：《拔萝卜》

1. 活动准备

《拔萝卜》是一个趣味性与表演性相结合的故事，古老而又新鲜。故事情节很简单：老公公种了个大萝卜，自己拔不动，结果大家一个接一个地来帮忙，终于拔起了大萝卜。故事语言简明而又口语化，出场的角色都是幼儿比较熟悉的人物。“拔萝卜”游戏让幼儿懂得有些事情仅有一个人努力是不行的，要靠大家配合，才能做成一个人不能完成的事情。因此，该儿童剧能帮助幼儿明白：一个人要努力掌握生活本领，像老公公那样，种的萝卜比别人的大，还要与其他人友好相处，在遇到困难的时候，像“拔萝卜”那样一个帮一个，劲往一处使，克服困难，才能走向成功。

2. 剧本：《我快乐的一天》

人物：老公公、老婆婆、小姑娘、小花狗、小花猫、小耗子、大萝卜、众萝卜以及旁白。

◎第一场：老爷爷种萝卜

旁白：从前，有一位老公公，他在地里种了些萝卜。

趴在地上的“大萝卜”伸伸懒腰站起来。

大萝卜：我是一个大萝卜，你们看我长得多大多甜呀！

音乐响起，老公公拖着沉重的步伐向地里走来。

老公公:今天的天气真正好,老汉我到地里种萝卜,种下萝卜真高兴,擦擦汗来把家回。(边说边做擦汗的动作)

老公公伴随着音乐以沉重的步伐下场。

◎第二场:团结合作拔萝卜

一群萝卜随着音乐《欢天喜地》上场,站成正方形。

众萝卜:阳光照,花儿笑,萝卜长得真正好!(集体跳萝卜舞)

旁白:第二天,老公公又来到地里,看他种的萝卜。

老公公:长呀,长呀,萝卜呀长得大呀!(用手轻轻抚摸大萝卜)长呀,长呀,萝卜呀长得甜啊! 今天,我就来拔萝卜喽!

老公公(唱):拔萝卜,拔萝卜,哎哟哟,哎哟哟,哎哟哎哟拔不动! 哎哟哎哟拔不动!(边唱边身体前后摇晃,表现拔不动的样子)

老公公(单手做喇叭状喊):老婆婆,快快来,快来帮我拔萝卜!

老婆婆:哎! 来啦! 来啦!(跑到舞台中央停下,边做动作边说话)我的老头子呀,要我去帮他拔萝卜! 哎! 我来了,来了!

老公公:预备——拔!

众人(齐唱):拔萝卜,拔萝卜,哎哟哟,哎哟哟,哎哟哎哟拔不动! 哎哟哎哟拔不动! 小姑娘,快快来,快来帮我们拔萝卜!

老婆婆:小姑娘,快快来,快来帮我们拔萝卜!

小姑娘:哎! 来啦! 来啦! 老公公、老婆婆今天要去拔萝卜,他们拔不动,我来帮帮他们! 哎! 来啦,来啦!

老公公:预备——拔!

众人(齐唱):拔萝卜,拔萝卜,哎哟哟,哎哟哟,哎哟哎哟拔不动! 哎哟哎哟拔不动! 小花狗,快快来,快来帮我们拔萝卜!

小姑娘:小花狗,快快来,快来帮我们拔萝卜!

小花狗:汪! 汪! 来啦,来啦!(边叫边跳上场)小姑娘拔萝卜,她拔不动,我去帮助她! 汪汪,汪汪,来啦,来啦!

老公公:预备——拔!

众人(齐唱):拔萝卜,拔萝卜,哎哟哟,哎哟哟,哎哟哎哟拔不动! 哎哟哎哟拔不动! 小花猫,快快来,快来帮我们拔萝卜!

小花狗:小花猫,快快来,快来帮我们拔萝卜!

小花猫：喵！喵！来啦，来啦！（双手打开做猫胡须状）今天小花狗拔萝卜，他拔不动，我来帮帮他！喵！喵！来啦，来啦！

老公公：预备——拔！

众人（齐唱）：拔萝卜，拔萝卜，哎哟哟，哎哟哟，哎哟哎哟拔不动！哎哟哎哟拔不动！小耗子，快快来，快来帮我们拔萝卜！

小花猫：小耗子，快快来，快来帮我们拔萝卜！

小耗子：吱吱！吱吱！来啦，来啦！我是一只小耗子，今天我要帮小花猫拔萝卜！吱吱吱吱！来啦，来啦！

老公公：预备——拔！

众人：（齐唱）拔萝卜，拔萝卜，哎哟哟，哎哟哟，哎哟哎哟拔不动！哎哟哎哟拔不动！

小姑娘：哎呀！萝卜怎么还是拔不出来呀！

众人：（齐）是呀！是呀！

老婆婆：孩子们，别着急！我们一齐数，一、二、三，使劲往外拔！

众人：（齐）好！好！

老公公：预备——拔！

众人：（齐）一、二、三，哎哟！萝卜拔出来啦！萝卜拔出来啦！（拍手欢呼）

音乐《欢天喜地》声中，众人齐唱齐跳。

众人：（齐）红萝卜，红萝卜，真漂亮！又大又甜，又结实，我们一齐拔萝卜，拔起萝卜真开心！

小耗子：伙伴们！伙伴们！我们一齐把萝卜送回家吧！

众人：（齐）好！好！

众人：（齐）嗨哟！嗨哟！……（在音乐《拔萝卜》声中谢幕）

3. 具体做法

◎引入：戏剧游戏“朋友们蹲蹲蹲”

（1）幼儿自由选择角色扮演，然后分成几行站好。老师说“××蹲，××蹲，××蹲完××蹲”。被点到名字的角色就做相应的蹲的动作，错误的出局，游戏继续。（加强幼儿对角色的认识）

（2）集体谈论场景所需道具并布置场景。

◎选配音乐。

(1)开场音乐选取轻松欢快的:用于儿童剧开始部分。

(2)背景音乐选取积极向上、轻快的:用于拔萝卜部分。

【活动建议】

(1)本故事全体幼儿都能参与表演,同时还可以根据本班的情况,增加一些其他角色和歌舞表演。如在表演中增加小鱼的角色,以开场歌舞表演的形式出现,并融入原故事中。

(2)本故事的对话较多,个别片段比较长。幼儿在进行对话表演时,一定要眼睛看着和自己说话的人,并尽可能做目光的交流,通过表情和动作表现诸如点头、微笑或生气等情节。

(二)案例二:《小马过河》

1. 知识链接

故事《小马过河》是我国经典的寓言故事之一。这个故事情节简单,却富含深刻的道理,阐明了大小、深浅不是固定不变的,要根据实际情况灵活处理问题的道理,教育幼儿遇事要动脑筋想一想,还要去试一试。故事里的角色都是幼儿喜欢的小动物。幼儿通过故事表演,既学习了故事中的对话,加深了对文学作品的理解,又深刻理解了故事的主旨:遇到困难要动脑筋想办法,要勤于实践。

2. 剧本:《小马过河》

人物:马妈妈、小马、小松鼠、牛伯伯以及小鱼若干。

◎第一场

马妈妈在场边做推磨的动作。《小鱼游》的开场音乐响起,小鱼们随音乐游入场,表演至音乐结束。

马妈妈:小鱼,看见我们家小马了吗?

小鱼们:(摇手)没有,没有,马妈妈再见!

马妈妈:再见!(挥手,跑向另一边做呼喊状)小马,小马!

小马:(上场)哎!妈妈,妈妈,什么事呀?

马妈妈:小马,妈妈今天不舒服,不能去送面了。好孩子,你能帮妈妈去送面吗?

小马:妈妈,我已经长大了,也该学着帮您干活了。我会送去,您放心吧!

马妈妈:真是妈的乖孩子,路上要当心啊。

◎第二场

背景音乐响起,小马高兴地背着粮袋在森林小路上跑着。突然前边一条很宽的河挡住了去路,河水哗哗地流着,小马不知怎么办,在河边走来走去。音乐停。

小马:这条河我能不能过去呢?那不是牛伯伯吗?我去问问它。

小马:牛伯伯,牛伯伯,您好!

牛伯伯:小马,你好呀!有什么事要我帮忙吗?

小马:牛伯伯,我妈妈让我去送面,可这条河那么宽,它是深还是浅,请您告诉我,好吗?

牛伯伯：啊，这事儿很简单。这条河虽然很宽，但它的水很浅，最深的地方才到我的脚脖子，你可以放心地过河去。

小马：太好啦，谢谢牛伯伯！

牛伯伯下，小马来到河边，伸脚，刚踩下一脚。

小松鼠：（边跳边喊）小马小马！你可千万不能下河呀！

小马：为什么？

小松鼠：你看，这条河又宽又大，水可深呢！前天，我们的一个小伙伴，一不小心掉到河里被水淹死了。

（松鼠做哭状）

小马：小松鼠，你别难过。谢谢你告诉了我，让我好好想想。再见！（小松鼠下）

音乐响起，小马到场中间，做思考状。

小马：一个说水浅，一个说水深，到底这水是深还是浅？我该听谁的呀！不行，我还得回去问妈妈。

◎第三场

背景音乐响起，小马跑去找妈妈。

小马：妈妈，妈妈！（喘气状）

马妈妈：孩子，你怎么又跑回来了？

小马：我走到半路，遇到一条大河，我不知是深还是浅，问牛伯伯，他说水很浅；可小松鼠说水很深。我不知该怎么办好，只好回来问您了。

马妈妈：孩子，我总是跟你说，遇事要动脑筋多想想。牛伯伯有多高？小松鼠有多高？他们说的深啦、浅啦，你自己去比一比。你虽然没有牛伯伯那么高，可比小松鼠高多了！这水对你是深还是浅呀？以前我还告诉过你：遇到困难要自己去试一试。这水到底是深还是浅，你下河去走走，深了就退回来，浅了你就走下去。自己亲自去试一试，你就会知道是深还是浅了。

小马：妈妈，妈妈，我懂了，您放心吧！妈妈再见！

背景音乐响起，小马跑到河边，毫不犹豫地向河里走去。小松鼠又跑过来。

小松鼠：小马小马，你不要命啦！（一把抓住小马往后拖）

小马：小松鼠，我想试一试，你那么小，我这么高，也许我可以过去呀，谢谢你的关心。

小马小心地迈脚过河，走到河中间。

小马：噢，原来这河水既不像牛伯伯说的那样浅，也不像小松鼠说的那样深。再见，我去送面了！

◎第四场

集体朗诵：（小动物全部上场）小白马爱劳动，帮助妈妈去送粮。遇到困难不要怕，开动脑筋想一想。动手动脚试一试，再大困难难不倒。小白马爱劳动，聪明能干人人爱。

谢幕。

3. 具体做法

◎准备工作

①欣赏《小马过河》的故事，并复述故事中的对话。

②学习律动《小鱼游》，能根据音乐做出小鱼游的动作。

◎步骤

①创设场景，准备道具。

场景：用蓝色皱纹纸和小椅子拉出一个长方形，表示小河。

道具：马妈妈使用的推磨盘（可用圆形蛋糕盒制作）、面袋。

②选配音乐。

开场音乐《小鱼游》：用于儿童剧开始部分。

背景音乐《小马跑》：用于小马上场、下场。

【活动建议】

根据幼儿的兴趣，我们可以开展以下活动：语言活动“爱劳动的小白马”，让幼儿学念儿歌。美术活动“深深浅浅的小河”，指导幼儿学习画波浪线。音乐活动“小马跑”，引导幼儿学习基本的韵律动作，增强动作的协调性。体育活动“小马运粮”，发展幼儿跑的能力。

【小结】

儿童剧是一门综合性的艺术门类，是一种融合了文学、音乐、舞蹈、美术等艺术成分的戏剧表演形式，用一种戏剧的形式与教育融合。本章通过介绍儿童剧的含义、艺术特征、类型、教育目标和活动设计与指导，多角度地展示了儿童剧在幼儿艺术教育的重要地位，符合儿童全面发展的教育特点。

儿童剧活动应依据《纲要》和《指南》中的认知、能力、情感目标，从各个年龄阶段幼儿的发展水平出发，选取具有教育性、趣味性、艺术性的戏剧作品作为设计与指导内容，设计完整的活动方案，确保活动的顺利开展和实施。并且儿童剧活动的设计与指导应体现三个要求：一是体现“有效教育”的价值；二是因地制宜设计儿童剧教育目标；三是进行戏剧表演基础的训练。遵循角色先行是核心，即兴扮演作重点，开放式剧场为基础。始终坚持“儿童第一”的原则，一切从儿童出发。

思考与练习

1. 怎样把这样一个民俗故事改编为孩子们喜闻乐见的儿童剧呢？
2. 如何选择更适合幼儿的表演方式？
3. 作为教师怎样在课堂中激发幼儿的创作能力？

【应用与实践】

根据儿童剧的特点和设计的原则，设计一个儿童剧活动。

第 8 章

传统戏曲活动的设计与指导

中国传统戏曲的发展演变经历了漫长的历史进程，戏曲主要是由民间歌舞、说唱和滑稽戏三种不同艺术形式综合而成。它起源于原始歌舞，是一种历史悠久的综合舞台艺术样式。它经过汉、唐到宋、金才形成比较完整的戏曲艺术，由文学、音乐、舞蹈、美术、武术、杂技以及表演艺术综合而成，有三百六十多个种类。它的特点是将众多艺术形式以一种标准聚合在一起，在共性中又体现出各自的个性。

【学习目标】

1. 理解并掌握五大剧种及川剧的起源、特点。
2. 理解学前儿童戏曲教育的意义。
3. 学会组织幼儿园戏曲教育的活动。

【学习重难点】

1. 理解并掌握五大剧种及川剧的特色、绝活、服饰及差异。
2. 组织适合幼儿年龄特点的戏曲教育活动。

【知识结构图】

- 传统戏曲活动的设计与指导
  - 五大戏曲剧种及川剧
    - 京剧
    - 越剧
    - 黄梅戏
    - 评剧
    - 豫剧
    - 川剧
  - 传统幼儿园戏曲教育活动设计与指导
    - 目标曲目
    - 戏曲与幼儿园

第一节
特色各异的地方戏曲

中国的戏曲与希腊戏剧、印度梵剧并称为世界三大古老的戏剧文化，经过长期的发展演变，逐步形成了以京剧、越剧、黄梅戏、评剧、豫剧五大戏曲剧种为核心的中华戏曲百花苑。据不完全统计，中国各民族地区的戏曲剧种有三百六十多种，传统剧目数以万计。其他比较著名的戏曲种类有昆曲、坠子戏、粤剧、淮剧、川剧、秦腔、沪剧、晋剧、汉剧、河北梆子、河南越调、河南坠子、湘剧、湖南花鼓戏等。

戏曲作为我国传统文化的瑰宝，其优美的旋律和根植于民族传统文化土壤、饱含乡土气息的品性，复杂多变的故事情节，爱憎分明的形象，委婉曲折的戏曲唱腔，演员的台步招式，戏曲着装的民族意蕴，色彩丰富、构图独特的脸谱造型等都会让幼儿产生强烈的审美感受。很多戏曲都反映了中国的历史文化、传统美德，对于陶冶幼儿审美情趣，培养幼儿爱家乡、爱祖国的情感，具有独特作用。

中华戏曲对悠久的历史、古老的文化、精彩的典故，从明辨是非善恶、知晓人情事理，到弘扬中华民族的传统美德，在戏里戏外都有生动的体现，这些也是核心价值观的深刻体现。

一、京剧

京剧，曾称平剧，是中国五大戏曲剧种之一，腔调以西皮、二黄为主，用胡琴和锣鼓等伴奏，被视为中国国粹，位列中国戏曲三鼎甲榜首。徽剧是京剧的前身。清代乾隆五十五年（1790年）起，原在南方演出的三庆、四喜、春台、和春四大徽班陆续进入北京。他们与来自湖北的汉调艺人合作，同时又接受了昆曲、秦腔的部分剧目、曲调和表演方法，通过不断的交流、融合，最终形成京剧。京剧形成后，在清朝宫廷内开始快速发展，直至民国达到空前的繁荣。

京剧舞台艺术在文学、表演、音乐、唱腔、锣鼓、化妆、脸谱等各个方面，通过无数艺人的长期舞台实践，构成了一套互相制约、相得益彰的格律化和规范化的程式。它创造舞台形象的艺术手段是十分丰富的，而用法又是十分严格的。不能驾驭这些程式，就无法完成京剧舞台艺术的创造。由于京剧在形成之初便进入了宫廷，它的发育成长不同于地方剧种，这要求它所要表现的生活领域更宽，所要塑造的人物类型更多，对它的技艺的全面性、完整性也要求得更严，对它创造舞台形象的美学要求也更高。当然，同时也相应地使它的民间乡土气息减弱，纯朴、粗犷的风格相对淡薄。

因而，它的表演艺术更趋于虚实结合的表现手法，最大限度摆脱了舞台空间和时间的限制，以达到“以形传神，形神兼备”的艺术境界。表演上要求精致细腻，处处入戏；唱腔上要求悠扬委婉，声情并茂；武戏则不以火爆勇猛取胜，而以“武戏文唱”见佳。

京剧表演的四种艺术手法：唱、念、做、打，也是京剧表演的四项基本功。

唱指歌唱，念指具有音乐性的念白，二者相辅相成，构成歌舞化的京剧表演艺术两大要素之一的“歌”。做指舞蹈化的形体动作，打指武打和翻跌的技艺，二者相互结合，构成歌舞化的京剧表演艺术两大要素之一的“舞”。

戏曲演员从小就要对四个方面进行训练，虽然有的演员擅长唱功（唱功老生），有的行当以做功（花旦）为主，有的以武打为主（武、净），但是要求每一个演员必须有过硬的唱、念、做、打四种基本功。只有这样，才能充分地发挥京剧的艺术特色，更好地表现和刻画戏中的各种人物形象。

脸谱最初的作用只是夸大剧中角色的五官部位和面部的纹理，用夸张的手法表现剧中人的性格、心理和生理上的特征，以此来为整个戏剧的情节服务。可是发展到后来，脸谱由简到繁、由粗到细、由表及里、由浅到深，本身就逐渐成为一种具有民族特色的、以人的面部为表现手段的图案艺术了。红脸含有褒义，代表忠勇；黑脸为中性，代表猛智；蓝脸和绿脸也为中性，代表草莽英雄；黄脸和白脸含贬义，代表奸诈凶恶；金脸和银脸是神秘，代表神妖。

京剧剧目总计五千八百多个，其中绝大多数是传统剧目。京剧走遍世界各地，成为介绍、传播中国传统艺术文化的重要媒介。分布地以北京为中心，遍及中国。在2010年11月16日，京剧被列入“人类非物质文化遗产代表作名录”。

二、越剧

越剧是中国第二大剧种，有第二国剧之称，又被称为“流传最广的地方剧种”，有人认为是“最大的地方戏曲剧种”，在国外被称为“中国歌剧”。它也是中国五大戏曲剧种之一，发源于浙江嵊州，发祥于上海，繁荣于全国，流传于世界，在发展中汲取了昆曲、话剧、绍剧等特色剧种之大成，经历了由男子越剧到女子越剧为主的历史性演变。

越剧长于抒情，以唱为主，声音优美动听，表演真切动人，唯美典雅，极具江南灵秀之气；多以“才子佳人”题材为主，艺术流派纷呈，公认的就有十三大派之多。主要流行于上海、浙江、江苏、福建、江西、安徽等广大南方地区，以及北京、天津等大部分北方地区，鼎盛时期除西藏、广东、广西等少数省、自治区外，全国都有专业剧团存在。

越剧流派包括剧目、唱、念、做等各种艺术因素，集中体现在所塑造的典型艺术形象中，其中，唱腔所具有的独创性最强，特点最突出，影响也最大，因此人们称之为流派唱腔。然而，唱腔虽然重要，流派却并非仅指唱腔，更包含了舞台表演艺术等多重内容。通常同一剧目由不同流派演绎会有不同风采。

越剧自1906年诞生，至20世纪末，据不完全统计，上演剧目有六千余个，虽然其中夹杂一剧多名的情况，但演出剧目仍非常可观。现流传下来和新创作的部分代表性剧目有360余出。

2006年5月20日，越剧经国务院批准列入第一批国家级非物质文化遗产名录。

三、黄梅戏

黄梅戏，原名黄梅调、采茶戏等，起源于湖北黄梅，发展壮大于安徽安庆，是安徽省的主要地方戏曲剧种。黄梅戏的起源最早可追溯到唐代。据史料记载，早在唐代时期，黄梅采茶歌就很盛行，经宋代民歌的发展、元代杂剧的影响，逐渐形成民间戏曲雏形。至明清，黄梅县戏风更盛。

黄梅戏唱腔淳朴流畅，委婉清新，以明快抒情见长，具有丰富的表现力；表演质朴细致，以真实活泼著称。分花腔和平词两大类。花腔以演小戏为主，富有浓厚的生活气息和民歌风味，多用衬词如“呼舍”“喂却”之类。有《夫妻观灯》《蓝桥会》《打猪草》等。平词是正本戏中最主要的唱腔，常用于大段叙述、抒情，听起来委婉悠扬，有《梁祝》《天仙配》等。现代黄梅戏在音乐方面增强了“平词”类唱腔的表现力，常用于大段抒情、叙事，是正本戏的主要唱腔；突破了某些“花腔”专戏专用的限制，吸收民歌和其他音乐成分，创造了与传统唱腔相协调的新腔。黄梅戏以高胡为主要伴奏乐器，加以其他民族乐器和锣鼓配合，适合于表现多种题材的剧目。

黄梅戏角色行当的体制是在“二小戏”“三小戏”的基础上发展起来的。上演整本大戏后，角色行当才逐渐发展成正旦、正生、小旦、小生、小丑、老旦、奶生、花脸诸行。辛亥革命前后，角色行当分工被归纳为上四脚和下四脚。上四脚是：正旦（青衣）、老生（白须）、正生（黑须）、花脸。下四脚是：小生、花旦、小丑、老旦。行当虽有分工，但很少有人专攻一行。民国十九年（1930年）以后，黄梅戏班社常与徽、京班社合班演出。由于演出剧目的需要，又出现了刀马旦、武二花行当，但未固定下来。当时的黄梅戏班多为半职业性质，一般只有三打、七唱、箱上（管理服装道具）、箱下（负责烧茶做饭）十二人。行当搭配基本上是正旦、正生、小旦、小生、小丑、老旦、花脸七行。由于班社人少，演整本大戏时，常常是一个演员要兼扮几个角色，因而在黄梅戏中，戏内角色虽有行当规范，但演员没有严格分行。

2006年5月20日，黄梅戏经国务院批准列入第一批国家级非物质文化遗产名录。

四、评剧

评剧是流传于中国北方的一个戏曲剧种，是广大人民所喜闻乐见的剧种之一，位列中国五大戏曲剧种之一。清末在河北滦县一带的小曲《对口莲花落》基础上形成，先是在河北农村流行，后进入唐山，称“唐山落子”。20世纪20年代左右流行于东北地区，出现了一批女演员。20世纪30年代以后，评剧表演在京剧、河北梆子等剧种影响下日趋成熟，出现了李金顺、刘翠霞、白玉霜、喜彩莲、爱莲君等流派。1950年以后，《小女婿》《刘巧儿》《花为媒》《杨三姐告状》《秦香莲》等剧目在全国产生了很大影响，出现新凤霞、小白玉霜、魏荣元等著名演员。现在评剧仍在华北、东北一带流行。

评剧的艺术特点是：以唱工见长，吐字清楚，唱词浅显易懂，演唱明白如诉，表演生活气息浓厚，有亲切的民间味道。它的形式活泼、自由，最善于表现当代人民生活，因此城市和乡村都有大量观众。

评剧唱腔是板腔体，有慢板、二六板、垛板和散板等多种板式。中华人民共和国成立后，评剧音乐中唱腔、表演的革新取得显著成就，特别是改变了男角唱腔过于贫乏的弊病，男声唱腔有了新的创造。其表演艺术虽吸收了梆子、京剧的身段、程式，一度出现京剧化的倾向，但仍保持着民间活泼、自由、生活气息浓郁的特点。

善于表现现实生活是评剧的一个传统。辛亥革命后，成兆才依据当地的时事新闻创作和改编了《杨三姐告状》《黑猫告状》《枪毙骆龙》《枪毙骆虎》等，基本上奠定了评剧以演现代剧目为主的特长。中华人民共和国建立后，评剧进入了新的繁荣发展时期，演出了一批受群众欢迎的现代戏，如小白玉霜和韩少云主演的《小女婿》，新凤霞主演的《刘巧儿》《祥林嫂》《小二黑结婚》以及《金沙江畔》《夺印》《野火春风斗古城》；改革开放以后又出现《山里人家》《疙瘩屯》《黑头与四大名旦》《贫嘴张大民的幸福生活》等优秀现代剧目。

评剧的行当是随着评剧的发展历史，经过不断丰富和完善而逐渐形成的。评剧的前身“蹦蹦戏”曾经历了“对口戏”“拆出戏”两个阶段，那时的行当也不像现今这样分明。经过1909年至1921年的重大改革，评剧成为一个大剧种。评剧的行当，也依据表演的需要吸取京、梆等剧种的行当分类经验，逐步形成生、旦、净、丑门类齐全的规模。

2006年5月20日，评剧经国务院批准列入首批国家级非物质文化遗产名录。

五、豫剧

豫剧是在河南梆子的基础上不断继承、改革和创新发展起来的。中华人民共和国成立后因河南简称“豫”，故称豫剧。

豫剧以唱腔铿锵大气、抑扬有度、行腔酣畅、吐字清晰、韵味醇美、生动活泼、有血有肉、善于表达人物内心情感著称，凭借其高度的艺术性而广受各界人士欢迎。因其音乐伴奏用枣木梆子打拍，故早期得名河南梆子。

豫剧角色行当由生、旦、净、丑组成。按一般的说法是四生、四旦、四花脸。戏班组织也是按照“四生四旦四花脸，四兵四将四丫环；八个场面两箱官，外加四个杂役”的结构组成。

豫剧的各行当都有自己的表演要诀，如手势要诀是“花脸过项，红脸齐眉，小生齐唇，小旦齐胸”，武打戏的短打要诀是“身如蛇形眼似电，拳如流星腿似钻；稳如重舟急似箭，猛、勇、急、快、坐、站稳如山”。在枪路上，有“走丝”“连九枪”“十三枪”“九个鼻”“八杆”“单倒”等路数。青衣和闺门旦表演要诀是“上场伸手似撵鹅，回手水袖搭手脖；飘飘下拜如抱子，跪下不能露脚脖”，“说话不看人，走路不踢裙，男女不挽手，坐下看衣襟”。彩旦表演要诀是“斜眼偷看人，说话咬嘴唇；一扭浑身动，走路摔汗巾”。小旦出场式是“出门按鬓角，双手掖领窝，弯腰提绣鞋，再整衣裳角”。小生表演要诀是“清、净、冲”。“清”是清秀，唱词吐字清，神态秀气；“净”是动作干净利落，恰到好处；“冲”是武打勇猛，精神振奋。

当代豫剧跟随河南卫视、河南豫剧院、台湾豫剧团等演出团体去过世界诸多国家，如到澳大利亚、意大利、法国、加拿大、委内瑞拉、新西兰、德国、英国、美国等国家演出，被西方人称赞为“东方咏叹调”。

2006年5月20日，经国务院批准，豫剧被列入第一批国家级非物质文化遗产名录。

六、川剧

川剧，是中国传统戏曲剧种之一，流行于四川东中部、重庆及贵州、云南部分地区。川剧脸谱是川剧表演艺术中重要的组成部分，是历代川剧艺人共同创造并传承下来的艺术瑰宝。川剧由昆曲、高腔、胡琴、弹戏、灯调五种声腔组成。川剧分文生、旦角、生角、花脸、丑角五个行当，各行当均有自成体系的功法程序，尤以文生、小丑、旦角的表演最具特色，在戏剧表现手法、表演技法方面多有卓越创造，能充分体现中国戏曲虚实相生、遗形写意的美学特色。

川剧戏装有很多种，蟒袍、靠子、官衣、褶子等，都对应着相对固定的角色，什么角色穿什么衣服，有严格讲究。剧团历来对戏装都有严格而细致的分类，有所谓的“大衣”柜和“二衣”柜。大衣，就是剧中帝王将相、娘娘嫔妃、内阁大臣等所穿的服装，有蟒袍、官衣、蓝衫等；二衣，就是剧中元帅大将、马步兵丁等所穿的服装，有铠甲、靠子、袍子等。演员舞台上一亮相，身上的戏装就先透露了角色的身份、性格、情绪等。

川剧演出中，随着剧情的转折，人物内心世界的变化，脸谱也需相应发生变化。为了在一出戏里让脸谱发生变化，川剧艺人创造了变脸、扯脸和擦暴眼等特技。这些特技都是在舞台演出现场，在不被观众察觉的前提下使用的，以达到人物脸谱瞬间变化的强烈演出效果。变脸以吹粉的方式最常用。扯脸是把脸谱绘制在薄绸上，演出中迅速巧妙地将事前贴在脸上的薄绸一层一层地揭去。擦暴眼是让脸谱局部发生变化的方法，演出中演员用事先涂抹在手指上的黑色松烟迅速将眼睛周围涂黑。

川剧剧目繁多，早有“唐三千，宋八百，数不完的三列国”之说。其中尤以高腔部分的遗产最为丰富，艺术特色亦最显著，传统剧目有“五袍”(《青袍记》《黄袍记》《白袍记》《红袍记》《绿袍记》)、“四柱”(《碰天柱》《水晶柱》《炮烙柱》《五行柱》)，以及“江湖十八本”等，还有川剧界公认的“四大本头”(《琵琶记》《金印记》《红梅记》《投笔记》)，不少为其他剧种失传的剧目。1949年以后，经过整理，出现了一批优秀的川剧剧目，如《柳荫记》《玉簪记》《彩楼记》等。

2006年5月20日，川剧经国务院批准，列入第一批国家级非物质文化遗产名录。

第二节 幼儿园传统戏曲课程设计与指导

戏曲艺术教育是依据幼儿的身心发展特点,选择适当的戏曲片断,利用戏曲优美的旋律,循序渐进地引导儿童对戏曲进行欣赏、模仿、表演的活动过程。在活动中,通过教师的组织和引导,幼儿初步学会欣赏、演唱和表演,激发幼儿对戏曲艺术的兴趣,提高幼儿对戏曲艺术的感受力和表现力。

一、开展幼儿地方戏曲艺术教育的必要性

首先,戏曲艺术是民族传统文化的瑰宝,蕴含着情感、认知、审美、创造等多方面的教育价值。关注戏曲艺术也是关注民族文化、关注人类文化。通过对国内戏曲艺术教育信息资料的搜集与分析,我们发现,戏曲艺术教育尚未引起足够的重视,现行的幼儿园教材中戏曲艺术教育内容较少,而且比较零散。同时,戏曲传统文化面临着流失的现状,因此,开展幼儿戏曲艺术教育非常迫切,幼儿戏曲艺术教育有非常广阔的开发空间和价值。

其次,戏曲艺术教育能有效促进幼儿的身心发展。《纲要》指出:"幼儿时期是一个人身心发育十分迅速、旺盛的关键期,幼儿期的艺术活动主要有音乐、美术和文学等多种形式,艺术活动的特性符合幼儿的思维水平和认知特点。"戏曲,作为中华民族的国粹艺术,它源远流长、博大精深,是我国传统文化的重要组成部分,体现了中华民族的传统审美观和价值观。把戏曲活动纳入课程,与幼儿的一日活动及五大领域有机结合,在戏曲课程中遵循幼儿的兴趣,从幼儿的生活实际出发,通过创编小戏、儿歌等形式,使之与地方戏曲相结合,用戏曲艺术的表现形

式使幼儿更形象地掌握学习内容，使每个幼儿都有参与其活动的愿望。在活动中，既可培养幼儿的节奏感、唱腔韵味，充分发挥幼儿的表演欲望和艺术潜能，又能培养幼儿的动手操作能力，同时在活动中还能更深入地培养幼儿良好的生活习惯、行为习惯。孩子在戏曲活动的交往中，将会形成自信和大方的良好心理品质。

二、幼儿园戏曲活动设计与指导

(一)设定适宜的目标

目标是行为的导向。儿童的身心发展特点是设定教育目标的根据。3—6岁的儿童好奇心很强，并且已经具备了一定的模仿能力。因此，幼儿戏曲教育的目标，应该定位在对戏曲的“初步感受”与“初步理解”这一层次上。期望幼儿像成年人那样弄懂戏曲知识，对戏曲有深刻的理解，那是不现实的。情感是一切行动的动力，同时也是催化剂，愉快的情感体验可以使人们的行为得到正强化、激励，幼儿也不例外。教育者应该着力培养幼儿对戏曲的兴趣和初步的审美情感体验。因此，我们提出幼儿园阶段戏曲教育的目标为：

(1)能对不同戏曲作品产生普遍的兴趣和注意；

(2)能发现不同戏曲作品演唱、表演形式的相似性及不同点；

(3)能初步理解不同作品所蕴含的思想内容；

(4)能简单分辨几种戏曲的唱腔和表现形式。

(二)选择恰当的曲目：幼儿戏曲启蒙教育的核心

我国传统戏曲品种很多，内容也相当复杂。为避免盲目性，教师要把选用和改编相结合，编写符合幼儿实际的戏曲活动教材，并在活动过程中不断对教材进行修正和充实。该教材突出具体性，可操作性，既有利于教师组织，又有利于幼儿学习。在具体的操作实践过程中，我们重点选择了这样三个方面的内容：

(1)欣赏3—4个剧种的曲调、唱段；

(2)初步了解京剧和地方剧“川剧”中角色的服饰、化妆等特点；

(3)由学唱地方戏唱段过渡到其他剧种的演唱。

(三)选择有效的途径与方法

1. 戏曲与五大领域的整合

幼儿的身心是一个持续发展着的整体，课程应该作为一种施加整体教育影响的中介。因此，除探索幼儿自身的发展规律外，我们还应探索戏曲在各领域中的渗透，努力加强各领域、各学科的内在关系、横向联系，促进幼儿整体发展。

第一，戏曲与语言领域相渗透：教师根据幼儿身心发展规律，有目的、有计划、有趣味地开展丰富多彩的活动。如教师可以根据幼儿的年龄特点，创编浅显易懂、读来又朗朗上口的戏曲儿歌进行语言活动，如小班从生活习惯着手，编些与之相关的戏曲儿歌；中班可编些有关团结友爱方面的戏曲儿歌；大班编些分享合作方面的戏曲儿歌。同时，把创编的小戏内容改编为简单的故事供幼儿欣赏，了解其剧情……通过互相渗透的领域教育，教师要在形式多样的活动中拓展幼儿经验，掌握戏曲的简单知识。

第二，戏曲与科学领域相渗透：给幼儿提供良好的科学和戏曲教育环境，按照幼儿认知规律及不同年龄特点，设计相应的科学与戏曲整合教育内容教育幼儿。如通过认识角色生、旦、净、丑和道具等进行科学活动。

第三，戏曲与艺术领域相渗透：引导幼儿用自己喜欢的艺术活动来大胆地表现自己对戏曲的情感和体验。可用绘画、手工等外在符号形式自由地表达。如让幼儿拓印脸谱，设计戏曲道具、服装等。也可用音乐等显性符号尽情表现。如把创编的儿歌改编戏曲套唱，小班用紫竹调套唱，中班用紫竹调、老簧调套唱，大班用紫竹调、老簧调和大陆调套唱。小戏剧目内的曲段供幼儿欣赏，为剧目配上乐曲用打击乐器演奏等，幼儿会获得因自我肯定而产生的愉悦感。

第四，戏曲与社会领域相渗透：充分利用社会资源，引导幼儿实际感受戏曲文化的丰富和优秀，也可为幼儿提供表现自己长处和获得成功的机会，增强自信心。如带领幼儿参观大戏院，看地方戏，赴社区表演，让家长参与表演等一系列活动，与大家分享戏曲表演的乐趣。

第五，戏曲与健康领域相渗透：根据幼儿的特点组织生动有趣、形式多样的体育活动，并把戏曲融入其中，吸引幼儿主动参与，发展基本动作。如创编富有童趣的戏曲操，让幼儿听着戏曲音乐做操，进行有益身心的健康活动。

2. 主题性的幼儿戏曲活动

除了在五大领域中融合戏曲活动，也可开展以戏曲艺术为主线的主题教学活动。如各个年级根据幼儿的年龄特点及发展情况，设计一些主题性幼儿戏曲活动，并有条不紊地实施。如：小、中、大班各生成了“推磨乐”“小戏迷”“川剧大家唱”的主题活动。这些主题活动注重戏曲与其他领域之间、戏曲欣赏与表达之间的有机渗透和自然融合；注重引导幼儿用多种艺术表达方式来表达对艺术的理解；注重幼儿与教师、幼儿与幼儿之间，幼儿与作品、环境之间的平等对话和多元互动，丰富其感性经验，挖掘戏曲艺术的内涵。结合幼儿生活实际，各年级组还将生成新的主题活动，如小班的“不做漏嘴巴”、中班的“我来帮助你”、大班的“好朋友”。将音乐、美术、文学等学科自然融合在相应的主题之中，使幼儿在活动中慢慢地积累相关的戏曲知识，培养幼儿良好的生活习惯、行为习惯。

3. 戏曲活动与一日活动有机结合

艺术来源于生活，因此幼儿艺术情感、技能、态度的培养应渗透在孩子们一日生活的各个环节之中。我们可以创设一个能激发幼儿戏曲兴趣的环境氛围，使孩子们能在戏曲活动中获得一些感性的表象，潜移默化地积累戏曲活动的经验，体验戏曲活动所蕴含的美。如课间可播放一些幼儿喜欢的戏曲，让幼儿在闲暇之余多欣赏欣赏，加深对戏曲的印象；平时，教师可结合教学活动讲述一些有关戏曲的故事、传说等，也可组织幼儿欣赏一些相关的戏曲作品，使幼儿了解和喜欢我们的民族传统文化；午后教师可带幼儿到画有戏剧脸谱的欢乐城中，让孩子们尽情地演绎着对戏曲的理解，以充分激发幼儿表演的欲望；在游戏活动中，教师可多组织一些类似擂台赛的活动，如“开心大擂台”，请幼儿先选出一名擂主，其他幼儿每周向擂主挑战，挑战成功者可成为新的擂主，这样的生生互动能激发幼儿对戏曲活动的兴趣。

总之，教师应遵循《纲要》精神，将各学科有机结合，努力为幼儿营造戏曲氛围，以游戏为基础，在五大领域中适当增加戏曲艺术教育，使幼儿的一日活动更具特色。

【小结】

本章讨论京剧、越剧、黄梅戏、评剧、豫剧五大剧种及川剧的起源、特点，探讨了学前儿童戏曲教育的意义，目的在于让学生学会组织幼儿园戏曲教育活动，通过教师的组织和引导，激发幼儿对戏曲艺术的兴趣，提高幼儿对戏曲艺术的感受力和表现力。

思考与练习

学前儿童戏曲教育活动设计环节的关键点在哪里？

【应用与实践】

1. 撰写一份戏曲主题活动教学活动设计。
2. 收集一些适合幼儿园大班小朋友欣赏的川剧曲目与图片。

参考文献

[1]王秀萍，吕耀坚．学前儿童艺术教育[M]. 北京：高等教育出版社，2015.

[2]蔡慧琴等．学前教育学[M]. 北京：北京师范大学出版社，2015.

[3]杜悦艳，陈迁．学前儿童艺术教育[M]. 北京：高等教育出版社，2014.

[4]朱立元．美学[M]，北京：高等教育出版社，2006.

[5]孔起英．儿童审美心理研究[M]]. 南京：江苏教育出版社，2004.

[6]张奇．儿童审美心理发展与教育[M]. 北京：北京师范大学出版社，2000.

[7]楼昔勇．幼儿美育[M]. 上海：华东师范大学出版社，1992.

[8]陈慧玲．审美教育：给孩子发现美的眼睛[M]. 北京：中国时代经济出版社，2003.

[9]（法）卢梭．李平沤译．爱弥儿[M]. 北京：商务印书馆，1996.

[10]曹利华．幼儿美育[M]. 北京：科学普及出版社，1991.

[11]杜卫．儿童美育概论[M]. 武汉：华中理工大学出版社，1995.

[12]朱先树．诗歌美学辞典[M]. 成都：四川辞书出版社，1989

[13]张前．音乐美学教程[M]. 上海：上海音乐出版社，2002.

[14]孔起英．学前儿童美术教育[M]. 南京：南京师范大学出版社，2013.

[15]腾守尧．艺术与创生[M]. 西安：陕西师范大学出版社，2002.

[16]（英）赫伯·里德．吕廷和译．通过艺术的教育[M]. 长沙：湖南美术出版社，2002.

[17]（美）卡洛琳·爱德华兹，莱拉·甘第尼，乔治·福尔曼．罗雅芬等，译．儿童的一百种语言[M]南京：南京师范大学出版社，2008.

[18]楼必生，屠美如．学前儿童艺术综合教育研究[M]. 北京：北京师范大学出版社，1997.

[19] 孙光言．中国舞等级考试课程教学法[M]. 北京：人民音乐出版社，2014.

[20]苗雪红．《学前儿童艺术教育》合作课程建设实践与反思[J]. 常熟理工学院学报，2018（5）.

[21]谭敏捷．浅谈学前儿童艺术教育与心理健康[J]. 艺术科技，2016（9）.

[22]王任梅．美国学前儿童艺术教育的特点及启示[J]. 外国教育研究，2011（7）.

[23]张青苗．儿童美育研究[D]. 山东师范大学硕士学位论文，2008.

[24]刘友洪．杜威儿童美育思想研究[D]]. 西南大学硕士学位论文，2010.

[25]潘明．艺术教育中人文精神与情感教育的集中体现[J]. 中国成人教育，2007（9）.

[26]孙文娇．儿童审美意识建构的引导[D]. 云南师范大学硕士论文，2013.

[27] 范诚．解读儿童画中的儿童审美心理研究[D]. 南京师范大学硕士论文，2012.